新年の願いを結ぶかたち
しめかざり
Shimekazari
森 須磨子 著
工作舎

はじめに
「ウチのしめかざりは普通だから…」

私は毎年、年末になると「しめかざり探訪」の旅へ出ます。全国をまわってその土地特有のしめかざりを探し、職人さんや売り手のかたに話を聞き、実物を入手しながら歩きます。年末年始の一週間ほどで二〜三県を巡るので、なかなかハードな調査旅行です。それでも二〇年近く続けてこられたのは、しめかざりの魅力に気づいてしまったから。

まずいちばんの魅力は、全国でかたちが違うということ。「多少」ではなく、「全然」違うのです。同じ県の中でも地域によって変わり、地域の中でも家によって変わることがあります。

そしてしめかざりには風土性があるということ。素材やかたちなど、その土地でしか生まれ得ないものがたくさんあります。土地の弱点を利点に転換する、職人さんのわざと知恵に脱帽します。

全国に数百種類あると思われるしめかざりですが、調査のときにいつも驚かされるのは、現地の人が必ず「ウチのしめかざりは普通だから…」と言うこと。私は、「普通」のしめかざりなど見たことがありません。

しかし現地の人がそう感じてしまうのは、「ほかの地方のものを知らない」ということ以外に、しめかざりに付いた「装飾」（橙、裏白《うらじろ》、護葉《ゆずりは》、海老《えび》、扇など）も大きな要因だと思います。装飾があると土台の藁《わら》のかたちがよく分からず、どれも同じように見えてしまうのです。

そこで私は、「装飾」を取り除いた写真を撮り始めました。「素」になったしめかざりは、さまざまな情報を発信し、そのかたちになった理由を教えてくれます。そして、作り手のこだわりや情熱まで感じることができます。

私たちの生活に密着しながらも、これまであまり語られることがなかった「しめかざり」。その「素」の姿を知ることで、各地の独自性や魅力を再発見し、みなさんのお正月がより豊かになることを心から願っております。

二枚の写真は、装飾を取る前と取ったあと。取ってみると、思いもかけない「かたち」が現れた。

Introduction

Every year, toward the end of December, I set out on a journey to explore shimekazari, a kind of traditional Japanese New Year decorations made from rice straw.
I walk around searching for local varieties, listening to the stories of craftsmen and sellers, and buying actual specimens, all over the country. The survey is hard work, since I have to cover two or three prefectures in just about a week during the New Year holidays. Even so, I have been doing it for 15 years now, ever since I became aware of the allure of shimekazari.
First of all, the shapes of shimekazari are different everywhere. Not just a little different, but completely different! They vary wildly from district to district, even in the same prefecture, and from house to house in the same district.
Second, shimekazari are endemic. Many are made from materials and in shapes that are only conceivable in that particular area. Hats off to the craftsmen with the skills and wisdom to turn local weaknesses into advantages!
There are believed to be several hundred types of shimekazari in Japan, but one thing that always strikes me during my surveys is that wherever I go, people invariably say that "our shimekazari are completely ordinary." However, I have never seen such a thing as an "ordinary" shimekazari.
One reason why people keep telling me this may of course be that they are unfamiliar with the shimekazari of other regions, but I think another major reason is all the embellishments: zigzag-shaped paper strips to ward off evil, bitter oranges and evergreen leaves that in a Japanese play on words symbolize prosperity through the generations, lobsters that signify longevity, etc. With the embellishments in place, the shape of the underlying straw foundation is obscured, and they all tend to look the same. See for example the two photographs on page 003 of a shimekazari with and without embellishments. In its bare state, it has quite an unexpected shape.
That is why I began taking pictures with the embellishments removed. In their bare state, shimekazari transmit various kinds of information, and tell us why they have the particular shape they have. One can also feel the craftsman's passion and commitment.
Shimekazari are everywhere in Japan around the New Year, but so far little has been written about them. It is my hope that knowing their "bare" form will both help you rediscover the uniqueness and charms of each region, and enrich your own New Year celebrations.

しめかざり　目次

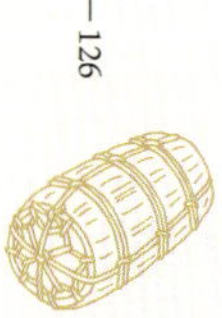

しめかざりとは

しめかざりとは、正月にトシガミ様（新しい年の福を授ける神様）を迎える準備として、家の内外に飾りつける藁《わら》でできたお飾りです。玄関用はもとより、神棚、台所、床の間、勝手口、倉庫、車など、飾る場所によっていろいろな種類があります。

しめかざりは、「しめ縄」という文化から派生しました。今でも神社のご神木《しんぼく》や磐座《いわくら》にぐるりと張られたしめ縄を見ることができるでしょう。古来、しめ縄は神が占有する場所を示し、のちに結界や魔よけの性質も帯びるようになりました。

そこで、正月には家のまわりや座敷などにしめ縄を張り巡らし、邪気を払ってトシガミ様をお迎えしました。今でも宮島などでは、しめ縄を張り巡らせた家屋を見ることができます。

しかし、しだいにそのような風習も少なくなり、かわりに近世になると、しめ縄を造形した「しめかざり」が生まれます。その当時は「輪《わ》飾り」や「牛蒡《ごぼう》じめ」など数種類だけでしたが、現在では、数えきれないほど種類が増えました。

ここで、「トシガミ様」にも触れておきます。土地によってその名称や性格は異なり、歳徳神《としとくじん》、祖霊《それい》神、田の神、山の神などをトシガミ様とする場合が多いようです。歳徳神はその年の「恵方《えほう》」を司る神様、祖霊神は先祖代々の神様、田の神は春に山からおりてきて、秋には山の神としてのぼって行くという農耕神。「トシガミ様」として一括りにされることも多いのですが、じつはいろいろな顔を持っています。

本書では、しめかざりの「かたち」に込められた思いを、各地の取材をもとに読み解いていきます。ぜひ、ご自身の住む町や出身地のしめかざりと比べてみてください。「そう言われても、自宅のしめかざりなんて記憶にない…」というかたは、今年が「しめかざり元年」。年末になったら、しめかざりの露店を探してみましょう。きっと店主が飾り方やかたちの意味を教えてくれますよ。

＊——全国には私が未調査の土地も多く、掲載された写真がその土地を代表するしめかざりというわけではありません。また、名称や解釈も人や土地によって異なります。

しめ縄が張られたご神木。

What is a shimekazari?

A shimekazari is a rice straw decoration hung up inside and outside Japanese homes to welcome the Toshigami, a god that bestows good fortune on the new year. It is usually hung on the front door, but there are also varieties to ornament the home altar, the kitchen, the tokonoma, the back door, the warehouse, and the car.

Shimekazari derive from shimenawa, the twisted ropes that can be seen surrounding sacred trees and rocks at Shinto shrines even today, as in the photograph on page 011. Originally, a shimenawa indicated a space occupied by the gods, and later also took on the characteristics of a boundary and a talisman against evil spirits.

Therefore, people began stretching shimenawa around their homes or living rooms before the New Year to ward off evil and to welcome the Toshigami. Homes with such ropes can still be seen in Miyajima and other places.

However, this custom gradually faded away, and instead the shimekazari was born, a shimenawa formed into a particular shape. In the beginning, there were just a handful of types, such as rings and elongated "burdock root shapes," but over the last few centuries they have evolved into an almost uncountable number of types, as you can see in the chart to the left.

The name and personality of the Toshigami also varies greatly between regions. He (or she) can be equated with the god Toshitokujin, who rules the auspicious direction for each year, or with ancestral spirits who guard the house, or with agricultural gods, who come down from the mountains to the fields in the spring and return in the fall. Somehow they are all lumped together as "Toshigami." It is a god with many faces.

In this book, I have attempted to unravel the ideas that are woven into the shapes of shimekazari, based on my own research all around the country. However, there are still many places I have yet to visit, and the shimekazari shown in the photographs are not necessarily representative of that particular location. Also note that names and interpretations may vary between different people and regions.

【「しめ縄」から「しめかざり」への造形的展開】

＊この図の解説はp.187にあります。

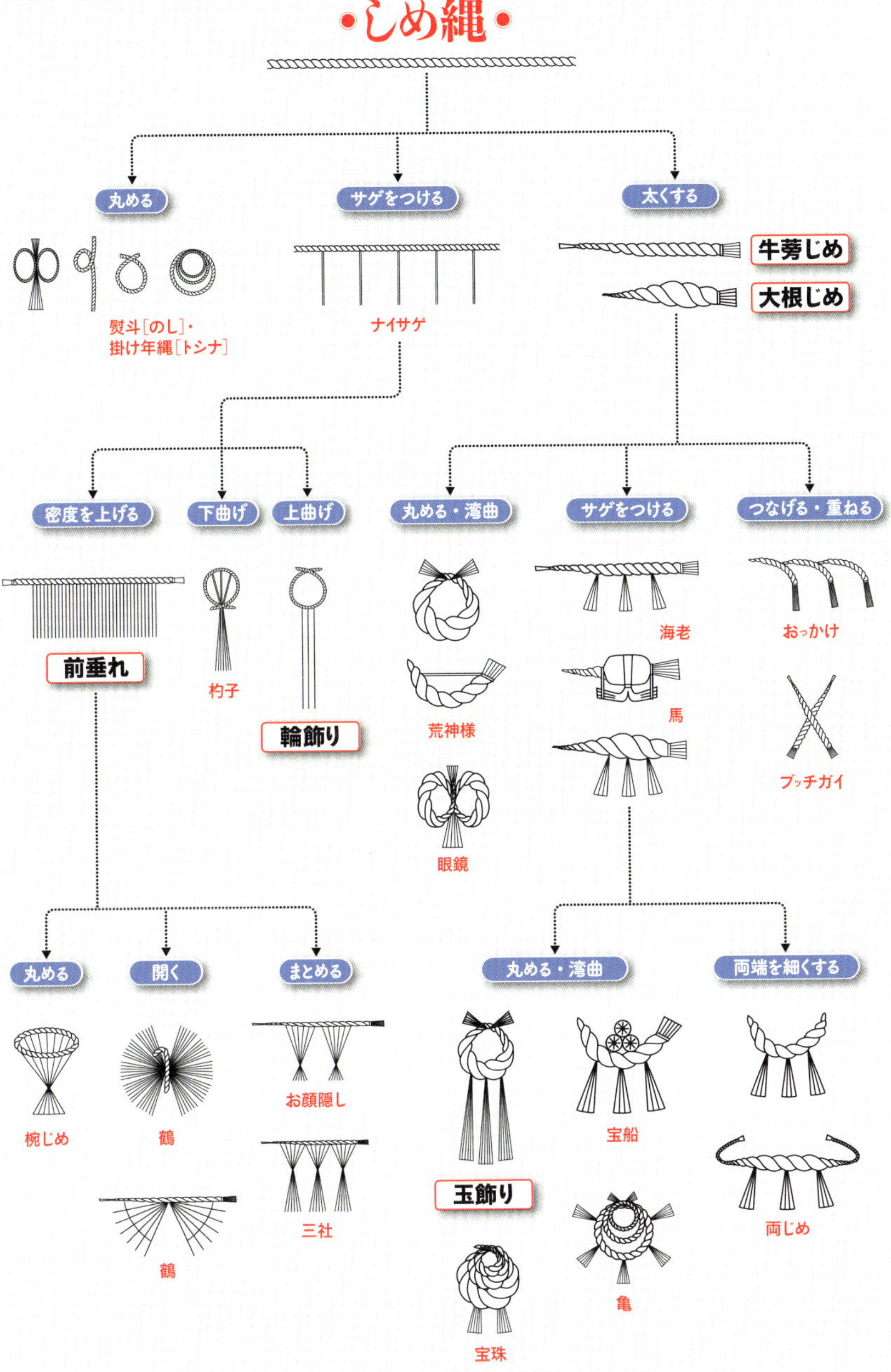

作図●森須磨子

【玄関用しめかざり形態分布地図】

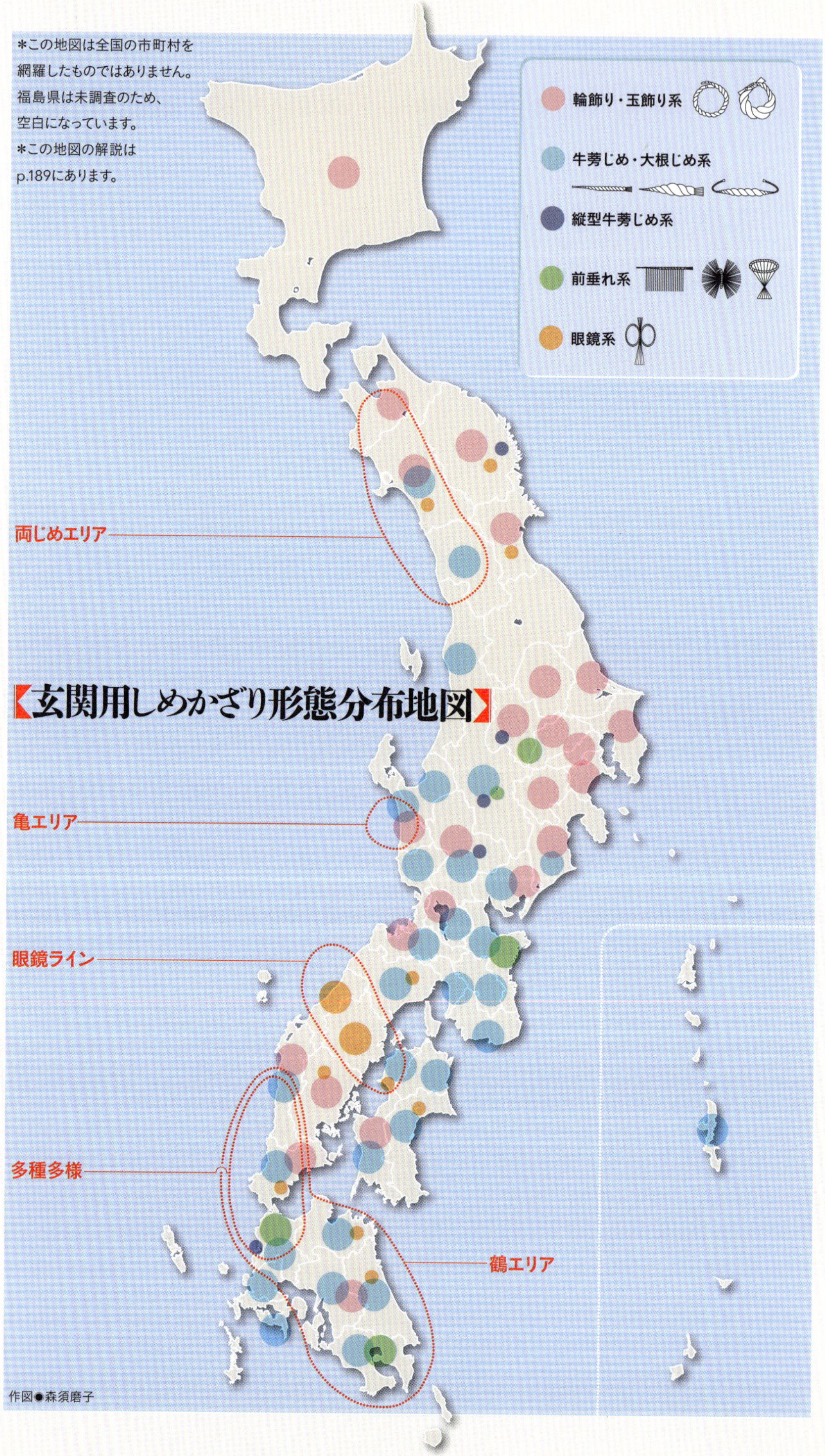

作図●森須磨子

一

しめかざりのかたち

宝珠《ほうじゅ》

——恵みの雨、水の波紋

宝珠は仏教法具の一つで如意《にょい》宝珠とも呼ばれ、「意」の「如《ごと》く」、つまり何でも思いのまま願いがかなう珠《たま》とされています。「この珠を沈めれば濁水が清水に変わる」「この珠を肌につければ熱病が治る」「闇夜に持てばあたりを明るくする」など、その力を示す数多くの説話が残されています。

宝珠の由来には諸説ありますが、龍王の脳やマカラ（摩竭魚＝架空の怪魚）の脳から取り出された神秘の珠、または海の底から採取したもの（真珠）など、「水」にまつわる説が多くあります。龍は天地を繋いで雨を降らすとされることから、龍王の脳から取り出された珠は雨だと捉えることもできるでしょう。水は万物を生み出す力があり、降りそそぐ雨はこの世の恵み（宝）となります。宝珠のかたちも水紋や雨のしずくを連想させ、「水＝宝珠」のイメージを強くいだかせます。そのような目で広島県のしめかざりを見てみると、藁《わら》が渦を巻くかたちが水の波紋にも見えてくるのではないでしょうか。

一方、江戸時代の日本では子供が書初《かきぞ》めに、文字ではなく宝珠の図を書くこともありました。ぐるぐると丸い渦で構成される宝珠図は、子供が筆に慣れるための格好の題材だったのでしょう。宝珠は子供の生活の中にも入り込んでいました。

広島県広島市
77.0cm×55.0cm
藁を綯[な]って作った輪を、少し涙型にして宝珠を象[かたど]る。じつは三連の輪は繋がっておらず、それぞれ独立した三つの輪をうしろで組み合せている。

Wish-fulfilling Gem
The Cintamani stone is a Buddhist ritual implement with the power to make any wish come true, making murky waters pure, curing diseases, or illuminating the night. There are many legends about its origins, such as a pearl from the bottom of the sea. Most of these legends are related to water, the source of life, and this shimekazari from Hiroshima also brings to mind a ripple or a raindrop.

宮城県気仙沼市
51.0cm×38.0cm
このしめかざりは「ホシノタマ」と呼ばれる。ホシノタマとは宝珠のこと。藁を表面に巻き付けるような手法が特徴的。

宮城県気仙沼市
51.0cm×41.0cm
別の職人さんが作った「ホシノタマ」。作り手のセンス、体力、手の大きさ、誰に習ったのか、その日の体調など、さまざまな要素でかたちは微妙に変化していく。

広島県広島市
59.0cm×17.5cm
繊細に垂れた稲穂が美しく、
御簾［みす］のような神秘的な
イメージがある。

広島県広島市

72.0cm×33.0cm

一番小さな輪に橙がすっぽりと収まっている。本来はさらに裏白（ウラジロ科のシダ）や譲葉［ゆずりは］が付く。

広島県廿日市

宮島にある老舗旅館岩惣［いわそう］では、玄関に立てた青竹に宝珠のしめかざりを付けるという古式の飾り方を継承している。7メートルの青竹は設置日の早朝に山へ行って伐り出す。写真左下に見えるのは石臼で、年末に正月用の餅をついたあと、恵方［えほう］に向けて置いておく。

広島県廿日市
岩惣の宝珠のしめかざり。中央に小さく白い紙垂［しで］が付いている。しかし、フェリーで広島市内に渡ると紙垂が付かない。宮島の商店の女性曰く、「同じ広島でも紙垂を付けていいのは宮島だけなの。それはもちろん、ここが神の島だからよ」

長野県上田市

藁を玉葱［たまねぎ］型にして宝珠をあらわしている。その姿は人形［ひとがた］のようでもあり、背面に付けられた松の枝を光背に見立てると、天女が舞う姿にもみえる。

上｜長野県上田市
前垂［まえだ］れ（藁でできた暖簾［のれん］のようなもの）に付けられた宝珠。北向観音参道の入口に張り、邪気の侵入を防ぐ。

下｜長野県上田市
別所温泉の老舗旅館、臨泉楼柏屋［りんせんろうかしわや］別荘の玄関に飾られた宝珠。地元の農家の方々が作っている。

しめかざりのかたち――❷

打出《うちで》の小槌《こづち》

――「春」を込めて豊作を願う

打出の小槌は大黒天《だいこくてん》の持ち物で、それを振ると望みの宝が出てくるとされています。槌《ツチ》は「土」に通じ、宝《タカラ》は「田から」に通ずるともいわれ、豊作を願う気持ちが込められているのかもしれません。小槌を振るしぐさは、田畑を耕す動きにも見えませんか？

写真のしめかざりは、長野県長野市で見つけた打出の小槌を象《かたど》ったものです。善光寺にある仁王門の側に、一軒だけ出ていた露店で購入しました。名称は「大黒じめ」で、玄関や大黒様を祀る神棚に飾るそうです。

このしめかざりの特徴はなんと言ってもその「太さ」です。中央のいちばん太い部分は直径二〇センチ強もあり、中に芯藁を詰めてアンコにしています。多くの場合、芯にする藁には古いものを用い、表面に巻く藁はその年に収穫した新しいものを使います。店番をしていた作り手のおじさんも、「リンゴの花の咲く頃、芯作りのために古い藁をすぐる（選別する）んだよ」と教えてくれました。すると急に、無骨《ぶこつ》で力強いイメージだった小槌のしめかざりが、リンゴの花香る暖かなものに見えてきました。おじさんが芯に入れたのは、「藁」ではなく「春」だったのかもしれません。

長野県長野市

20.0cm×66.0cm

力強い藁の部分と、そこから軽やかに下がる紙垂とのコントラストが、しめかざりに独特な緊張感を与えている。

Magic Mallet

The mallet belongs to Daikokuten, one of the Seven Lucky Gods, and when he strikes it, what you wished for will appear, most notably a bountiful crop. This mallet-shaped "Daikokujime" from Nagano pref. is over 20 cm in diameter at the thickest part, and is meant to decorate the front door or the home shrine.

松竹梅《しょうちくばい》

――神を待つ吉祥のしるし

しめかざりのかたち――❸

「松竹梅」の組合せを中国では「歳寒三友《さいかんさんゆう》」と呼びます。松の常盤《ときわ》、竹の節操《せっそう》、梅の凛冽《りんれつ》といわれ、寒中でも変わらぬその姿に君子の品格をかさねていましたが、日本に入って吉祥のしるしとして定着しました。とくに松は、千年ともいわれる樹齢とその常緑性によって、古来神聖なものとして扱われています。一説には神の降臨をマツ（松＝待つ）ともされ、お正月の松飾りを神の依代《よりしろ》とする考えとも通じるでしょう。ちなみに、松、竹、梅はどれも万葉集に詠《よ》まれるほど古くから日本にありますが、「松竹梅」という組合せが文献に登場するのは室町時代、庶民に定着したのは江戸時代だといわれます。

現在、京都には「松竹梅」を象るしめかざりがあります。藁を渦のように巻いた部分が梅、下部のサゲが松竹をあらわします。名称は玉じめ、または玉飾りといい、『江馬務著作集第八巻』によると明治時代に生まれたかたちのようです。しかし、かたちの由来には「松竹梅」以外にも諸説あり、「龍が宝珠を持つ姿」や「蛇のとぐろ」だとする人もいます。皆さんは何のかたちに見えますか。

京都府京都市
95.0cm×23.0cm
下部のサゲ部分は広げて飾ることが多い。

Pine, Bamboo and Plum

The combination of pine, bamboo and plum is a familiar auspicious symbol in Japan, and shimekazari with this motif are popular in Kyoto. The whirl of straw is the plum, and the two lower branches represent the pine and bamboo. When the decoration is hung up, the branches are pulled widely apart to form an image of a "mystical boundary." Hung at the entrance to the alleys of Gion, it turns the area inside into a special place.

京都府京都市
サゲの部分を開閉するために
長い水引を結んでいる。

京都府京都市
祇園周辺の路地。サゲを広げると結界を張るイメージに近づく。そして通行人の頭にぶつかることもない。

鶴《つる》

――天駆け、稲穂をはこぶ

鶴は、その優美なたたずまいや天駆ける姿から、瑞鳥《ずいちょう》として親しまれてきました。なかでも丹頂鶴《タンチョウ》は真っ白な体と日輪《にちりん》のような赤い頭頂部が好まれ、多くの絵画や工芸で吉祥のモチーフとなっています。鶴は千年の命を持つといわれ、長寿の象徴ともされてきました。また、鶴は穀霊神としての側面もあり、鶴がくわえてきた稲穂から稲作が始まったとする伝承は日本各地にみられます。伊勢神宮の別宮である伊雑宮《いざわのみや》で行われる「御田植式《おたうえしき》」はその伝承を基にした神事で、白い着物に赤いたすきがけをした早乙女《さおとめ》たちの姿は、まさに鶴そのものです。このように稲との繋がりもある「鶴」は、しめかざりのモチーフにもなりました。

不思議なことに、鶴のしめかざりは九州地方に多くみられます。他の地方にもありますが、その数やバリエーションの多さは圧倒的に九州です。いまでも鹿児島県出水市は鶴の越冬地として有名ですが、それがしめかざりのかたちに関係しているのかはわかりません。鶴のかたちは戦後に生まれたとも言われます。歴史的には新しい造形なのかもしれませんが、だからこそ鶴のしめかざりには自由と多様性を見て取ることができるのだと思います。

大分県由布市
108.0cm × 90.0cm
丁寧に始末された藁しべで翼を表現し、鶴の首の下には総角結びが付いている。総角結びの結び目を見ると「入」の字形になっており、福徳を招き入れる意味がある。

Crane
Legends from all over Japan tell of how rice farming started with a crane that came flying with an ear of rice in its beak. The crane in this shimekazari from Yufu, Oita pref., spreads its wings widely, and the string under its neck is tied to form the character for "enter" – inviting fortune and prosperity.

福岡県田川郡

35.0cm×34.5cm

鶴の翼に亀がしがみついている。赤いくちばしは魔よけの意味があり、昔は唐辛子を付けていた。

上｜福岡県直方市
46.0cm×44.0cm
下｜宮崎県
41.5cm× 35.0cm

上｜鹿児島県鹿児島市
55.0cm×97.0cm
天に向かって飛翔する鶴。くちばしに赤いテープがついている。
下｜熊本県人吉市
48.0cm×66.0cm
こちらも飛翔する鶴。中央の輪は宝珠にもみえる。

熊本県球磨郡
29.5cm×81.5cm
つがいの鶴を表現した「双鶴」のしめかざり。稲穂の部分が鶴の頭であり、二羽が首を交差させるように向かい合っている。

福岡県北九州市
鮮やかな鶴があちらこちらに舞い、古い町並が一気に華やぐ。

上｜福岡県福岡市
能古島［のこのしま］の朝市で購入。青竹を軸に藁の翼を広げる。譲葉の茎の赤が効いている。

下｜福岡県福岡市
尾の長い鶴。小ぶりなので橙［だいだい］ではなく蜜柑［みかん］を付けている。

亀《かめ》

——時空を往来する自由のあかし

亀といえば昔話『浦島太郎』を思い出す人も多いでしょう。物語のなかで、亀は浦島太郎を人間界から海の底の竜宮城へと案内する動物として描かれます。水陸を往き来する亀は、古来異郷と人間界を結ぶ動物として考えられていました。とくに海亀は海の神の使者として神聖視され、かつて淡路島では産卵の場所にしめ縄を張り、その卵の成育を祈ることもあったようです。

中国でも亀は神亀《しんき》、霊亀《れいき》と称されるなど、その堅固な甲羅と長い寿命によって霊獣とみなされてきました。蓬萊山《ほうらいさん》（＝仙人の住む理想郷）を背負う亀の図や、天の四神の一つである玄武《げんぶ》を象徴する動物として描かれています。

さて、竜宮城の乙姫様（＝亀）は浦島が人間界に戻る際、玉手箱に「時」を入れて授けました。浦島はその箱を開ければ昔に戻ることができると考えたのですが、実際には自分の時間が進み、老人となるだけでした。時空を自由に往来できる亀とは違い、人間の時間は戻らないのです。

亀のしめかざりには「時間」への憧憬を感じます。代々続く家の繁栄や長寿への願いなどが、そのかたちから読み解けるでしょう。

石川県金沢市
49.0cm×67.0cm
このしめかざりは装飾が効果的で、橙で亀の頭を表現している。

Turtle
The turtle, which goes back and forth between land and water, has long been considered an animal that connects the human world with other realms, both in China and in Japan. In this shimekazari from Kanazawa, the bitter orange is the turtle's head. When all the embellishments are removed, three rings made of straw are revealed: a parent turtle, a child turtle and a grandchild turtle. Like the bitter orange, they represent prosperity through the generations.

石川県金沢市
49.0cm×67.0cm
装飾を取ると三連の輪があらわれる。外側の大きい輪から親亀、子亀、孫亀をあらわし、代々の繁栄を願っている。

石川県金沢市

装飾を一つずつ取ってみたところ。上から橙、紙垂、譲葉、裏白、ホンダワラ（海草）と稲穂、の順で付けられていることがわかる。このしめかざりは別名「丸しめ〈日の出〉」とも呼ばれ、土台の藁の形状は光を放つ日輪にも見える。

鶴亀《つるかめ》

——三連の輪の縁を結ぶように

「鶴は千年、亀は万年」といわれるように、鶴と亀はともに長寿の象徴として親しまれてきました。甲羅に藻が付着した亀を蓑亀《みのかめ》といい、長老を思わせるその姿はとくに縁起が良いとされます。鶴亀の組合せを装飾として用いたのは平安時代からで、近世になると松竹梅も合わさり庶民に広く愛されるようになりました。

写真は島根県雲南市のしめかざり。藁で作られた三連の輪の上に、同じく藁で作られた鶴と亀を付けています。これは亀池を覗き込む鶴と亀の姿です。鶴の翼は「ミゴ」と呼ばれる艶のある藁の部位を使い、向こうが透けるほど繊細な仕上げ。亀の甲羅には稲穂の藻を付け、蓑亀を象ります。

土台となる三連の輪は、小さい方から月、太陽、農耕神をあらわします。これら「三神」を、亀池の水紋に見立てたことで、農作業に欠かせない「水（＝水神）」のイメージも加味されるという、秀逸なデザイン。

島根県雲南市

60.5cm×36.5cm

◉

Crane and Turtle

Cranes were believed to live for a thousand years, and turtles for ten thousand. The combination of the two has been a beloved symbol for longevity ever since the Heian period. In this shimekazari from Izumo, Shimane pref., the crane and turtle are affixed to three rings made of straw, as if looking into a pool. The three rings represent the moon, the sun, and the god of agriculture.

宝船《たからぶね》――「厄」を流して「福」を呼ぶ

宝船は、帆掛け船に七福神や米俵、千両箱などを乗せた縁起物です。多くはその帆に「宝」の文字が書かれています。元旦、もしくは正月二日の夜に宝船の絵を枕の下に入れて眠ると吉夢を見るといわれ、その絵には「なかきよ（永き世）のとお（遠）のねふ（眠）りのみなめさめ　なみのりふね（浪乗り船）のおと（音）のよきかな」という回文が記されています。

宝船の絵とともに眠るという風習は、古くは節分の夜に行われた厄払いの行事だったようです。自らの厄災を船に乗せて流し、新たな心で節分を迎えたのでしょう。帆には悪夢を食べる動物といわれる「獏《ばく》」の文字を書くこともありました。悪夢とともにすべての災いを食べてもらったのです。

宝船のしめかざりは、北海道から九州まで広範囲に見られます。その多くが藁で作られた俵や松竹梅などの縁起物を乗せ、新しい年の福徳を願っています。

宝船は「福」を呼ぶことも、「厄」を流すこともできる不思議な乗り物。宝船のしめかざりに、あなたはどちらを乗せたいですか？

徳島県
44.0cm×48.0cm

Treasure Ship

Treasure ships in Japanese myths come carrying rice, gold, and the Seven Lucky Gods – and take evils and misfortunes away with them when they return. Putting a picture of a treasure ship under your pillow on New Year's Eve was believed to bring auspicious dreams. Shimekazari in the shape of treasure ships are found all over Japan.

秋田県秋田市
82.0cm×76.0cm
このしめかざりを販売していた女性曰く、「以前はこの両端を開いて飾ったんだけど、最近は丸にしたまま飾るようになったね」

愛媛県上浮穴郡
道の駅で見つけたもの。宝船には俵のほかに松竹梅も乗せている。サゲの部分にはたっぷりと稲穂が付き、「お宝満載」のしめかざり。

俵《たわら》――自然の厳しさから「食」を守る

俵とは、穀物や芋、塩、木炭などを貯蔵・運搬するための藁でできた袋のことです。米俵、芋俵、炭俵など、俵は日本人に欠かせないさまざまな食物を守ってきた聖なる容器ともいえるでしょう。正月には、俵を象った小型の藁の飾り物を供えたり、俵そのものをご神体とする風習もありました。子供や芸人が小型の俵を持ち、祝歌を披露しながら家々をまわる行事も各地で見られます。東京都八王子市では、子供組が行う「福の神」行事として現在でも継承されています。

俵のかたちを象ったしめかざりは、山形県に多く見られます。すでに紹介した宝船のしめかざりも「俵」を扱っていますが、かたちに違いがあります。宝船の俵は船に積まれているので本体（船）とは別のパーツとして作られますが、俵のしめかざりは全体が一つの大きな俵になるのが特徴です。

もともと稲作には不向きだった北の土地で、先人達は長いあいだ品種改良に苦心してきました。俵のしめかざりには私たちの想像をはるかに超えた、切実な豊作への願いが込められているのかもしれません。

山形県鶴岡市
細縄を広げたときの全長
188.0cm（うち俵部分の横幅
28.5cm）
このしめかざりは両端の細縄を開いて飾る。俵部分は藁のミゴとよばれる部分で繊細に作られており、一つ完成させるのに一日半はかかるとのこと。

Straw Bale
Straw bales were important containers to protect rice, sweet potatoes, salt, charcoal and other valuable goods. Bale-shaped shimekazari are common in Yamagata pref., where they signal a particularly earnest wish for a good harvest. It is a northern province that was originally unsuitable for rice cultivation, which was only successful after long hardships and patient experimenting with selective breeding.

山形県鶴岡市
細縄を広げたときの全長
262.5cm（うち俵部分の横幅
30cm）
このしめかざりは俵部分に芯藁を詰めてボリュームを出している。前ページのような筒状の俵を作るのではなく、縄を「綯う」ことで表現しているところが特徴。

上｜山形県酒田市にある山居倉庫（米蔵）の敷地内には、三居稲荷という神社がある。そこには氏子達が製作した俵のしめかざりが掛けられている。

下｜山形県鶴岡市
民家の神棚に飾られた俵のしめかざり。

ちょろけん
――家々に笑いと福をもたらす

ちょろけんとは、江戸時代から明治にかけて京都を中心に流行した「門付け」のことです。門付けとは家々を回って祝歌や舞などを披露する民俗芸能で、有名なものでは獅子舞、春駒、鳥追いなどがあります。

ちょろけんの風貌はユーモラスで、白く大きな顔にヒゲと目鼻を描き、大きな黒い笠をかぶって赤い腰布を巻いています。両手にはささら（二〇センチほどの竹の先を細かく割って束ねたもの）を持ち、それを打ち鳴らしながら「ちょろが参じました。大福ちょろじゃ。ちょろを見る人福徳来る、厄難厄病みな取り払う」などと囃しました。「ちょろけん」の名前の由来には「長老軒」や「長者君《ちょうじゃくん》」など諸説あります。

しめかざりのちょろけんは丸太のような形状で、ちゃんと藁の帽子も被っています。ちょろけんのサイズはさまざまあり、一番小さいものは「ちょろ」と呼ばれます。付ける場所によって使い分け、たくさんの福を呼び込んだのでしょう。

もしかすると、かつては門付けのちょろけんが、軒先で対面することもあったのかもしれませんね。

京都府京都市

38.5cm × 16.5cm

丸太のような形状。細縄をハチマキのように締め、大きな帽子を表現している。

Choroken

Choroken is a character in a song and dance routine by wandering performers that was popular during the Edo period. He has a comical appearance, and brings good fortune and drives out evil. This choroken from Kyoto looks almost like a log, but with a big hat and a cord tied like a headband underneath.

上｜京都府京都市
ちょうど顔の位置に大きな橙。裏白と譲葉もつける。

下｜京都府京都市
小さめのちょろけんなので橙はなし。ピンと張った裏白がヒゲのよう。

左｜京都府京都市
もっとも小型の「ちょろ」。水回りや勝手口など、さまざまな場所に付ける。

下｜ちょろけんの図（『職人・街芸人・物貰図絵』より）
ちょろけんのうしろには太鼓やささらを持って一緒に囃す男がついていた。

海老《えび》

——長寿と夫婦円満を願う

海老の種類は豊富で約三千種にもなります。身近なところでは車海老、芝海老、桜海老などがありますが、やはりお正月といえば伊勢海老でしょう。鏡餅の上に鎮座《ちんざ》した姿はお正月の定番。昔はしめかざりにも本物の伊勢海老を付けることがあり、その赤い色は、新年を寿《ことほ》ぐとともに魔よけの意味もありました。毎年十二月中旬頃、東京の浅草寺裏では業者用のしめかざり市が立ち、そこでは「お飾り用」の伊勢海老の販売風景を見ることができます。

海老は、ひげが長く腰の曲がった姿から長寿の象徴とされました。また、音読みの「カイロウ」が「偕老《かいろう》同穴の契り」（死んで同じ墓に入るまで仲睦まじく暮らそう）ということわざに通じ、長寿とともに夫婦円満の願いも込められています。

海老のかたちのしめかざりは、エビジメ、エビカザリなどという名称で全国に広く見られ、しめかざりでは人気のモチーフの一つです。そのかたちは、主に縦型と横型に分類できますが、さてどこが足で、尾で、ひげか、わかるでしょうか。

鳥取県鳥取市
60.0cm × 12.0cm
鳥取では縦型が多い。中央の細い部分が海老のひげである。

Prawn
A lobster on top of the *kagami-mochi* is a traditional New Year's ornament. Its red color or prawn is festive and is believed to ward off evil. The lobster or prawn is also a symbol of longevity, since its bent back and long "whiskers" resemble those of an old man. Prawn-shaped shimekazari come in vertical and horizontal varieties; this vertical one is from Tottori pref. The thin parts in the middle are the "whiskers."

京都府京都市
38.0cm×44.0cm
海老飾りという。海老の頭となる藁の先端を「ねじきり」にしているのが京都の特徴。

上｜新潟県十日町市
37.0cm×84.5cm
藁のモトが海老の尾、先の細い部分がひげ、下に垂れた藁が足。

下｜千葉県安房地区
撮影場所は東京の民家だが、この家のお母さんが千葉県安房地区に伝わるしめかざりを習い、自作したとのこと。長さ1メートルほどの大きな海老のしめかざり。

蛇《へび》

——生命力は龍のごとし

蛇は気配もなく唐突に現れ、瞼のない瞳で相手を睨み、火焔のような二股の舌で威嚇する。そして鋭敏な嗅覚と毒を武器に、水中、陸上、地中、いたるところから獲物を狙うという。この得体の知れないイメージから、蛇は魔物や怪物として嫌悪される一方、神の使いとして崇拝されてきました。

日本を含めアジアでは、「蛇」は「龍」と同一視されます。蛇は水神の性格を持ち、雨乞いの神事などで祀られます。そこから転じて稲作の神、農耕神となり、いまでも全国の祭礼で巨大な藁蛇を見ることができます。

また、蛇は脱皮を繰り返し、交尾が長く力強いこともあって、「再生・不死身・生命力・誕生」のシンボルとなりました。二匹が絡み合って交尾する姿は「しめ縄」そのもので、正月のしめ縄を蛇縄だとする考えもあります。

滋賀のしめかざりは、まさに蛇を象ったものです。作り手のおばあさんは子供の頃から「白い蛇は神様だよ」と聞かされていたので、蛇のしめかざりを作るときは屋外や土間ではなく、必ず座敷を使います。しめかざりを作る行為そのものが神事なのでしょう。

滋賀県大津市

55.5cm×20.0cm

蛇がとぐろを巻いている。上に飛び出した藁束が蛇の頭。稲穂は尾となる。

Snake

In Japan and the rest of Asia, snakes were considered part of the same family as dragons, and they were worshipped as water gods, and by extension as farming gods. With their repeated shedding of their skins and their forceful mating behavior, they also became symbols of regeneration, immortality, vigor and creation. This shimekazari in the form of a coiled snake is from Shiga pref. The straw bundle jumping forth at the top is the head, while the drooping rice ears are the tail.

岐阜県高山市
55.0cm×22.0cm

岐阜県高山市
つららを蛇の歯に見立てると、しめかざりはまるで蛇に飲み込まれた宝珠のようだ。

椀《わん》

――お供物の入れもの

椀には用途や素材によってたくさんの種類があります。茶碗、壺椀《つぼわん》、平椀、吸物椀《すいものわん》、水椀《みずまり》、金椀《かなまり》、潤《うる》み椀《わん》、糸目椀《いとめわん》、浅葱椀《あさぎわん》…。細かく「椀」を使い分けるのは、食物を一つひとつ大切に扱いたいという気持ちのあらわれです。小さな椀の内なる空間もまた、神が宿る場といえるでしょう。

しめかざりでは、椀のかたちをしたものを椀じめ、オヤス、ヤスノゴキなどと言い、多くは松飾りとともに門の両脇に飾ります。

「ヤス」は「養う」に通じ、食物を与えることを意味します。「ゴキ」は椀のこと。つまり椀のしめかざりは「トシガミ様への供物を入れる容器」となります。椀の中に入れるものは、餅、粥、おせち、ミカンなど。しかし最近では何も入れずに飾る家が多く、少し寂しい気持ちになります。衛生面やカラスなどが気になるようなら、紙に供物を描き、それを入れておくのはいかがでしょう。なにごとも「気持ち」が大切です。

長野県上田市

扇の付いた椀じめ。民家の門松に飾られている。中にはミカンの供物。

◉

Bowl

Bowl-shaped shimekazari are usually attached to the *kadomatsu* pine decorations outside the front door, and serve as receptacles for offerings to the Toshigami. This one, decorated with a fan and with a mandarin inside, is from Nagano pref.

長野県松本市
小さな「オヤス」と「オシャモ（しゃもじのしめかざり）」がセットになっている。

長野県上田市の別所温泉にあるいくつかの銭湯では、椀じめと宝珠のしめかざりが対になって飾られている。ある銭湯では女湯の入口に椀じめ、男湯の入口に宝珠が付いていた。私はこれを見て、椀じめを女性、宝珠を男性の象徴としているに違いないと思ったのだが、温泉街の誰に尋ねても「そんな話は聞いたことがない」と言われる始末。「椀じめ」と「宝珠」が先に生まれ、その後誰かが「男女」に見立てたのではないかと私は考えるのだが、さて真相やいかに。

上｜銭湯「石湯」の入口。向かって右の柱に椀じめ、左の柱に宝珠。

左｜銭湯「大師湯」にて。女湯の入口に椀じめ、男湯の入口には宝珠がつけられている。

杓子《しゃくし》・しゃもじ――飯と福をすくい取る

「しゃくし」は女房詞（宮中に仕える女房が使った隠語）で言い換えると「しゃもじ」。古くは貝殻のくぼみや、瓢箪《ひょうたん》を割ったものを利用していました。

杓子は、その用途によって汁用と飯用に分かれます。飯用は「ヘラ」と呼ぶ地域も多く、くぼみのない平たいかたちをしています。飯を取り、家族に分け与える「ヘラ」は主婦の象徴とされ、東北では主婦のことを「ヘラトリ」ともいいました。

また、穀物と関係する杓子は山の神の採物（神楽の際に手に持つもの）ともいわれ、主婦を「山の神」とする考えもあります。

各地でみられる杓子のしめかざりには、「福をすくい取る」という意味が込められています。古来の風習をくんでイメージを膨らませてみるなら、家族を守るべく奮闘する主婦が、正月に山の神となり、杓子を持って華麗な舞を披露する……そんな姿を重ね合わせると、杓子のしめかざりがさらにいきいきとしてきます。主婦と限らず、主夫も存在感を増す昨今、いつも食事を用意してくれる「あの人」に感謝の気持ちをこめて、杓子のしめかざりを飾ってみてはいかがでしょう。

愛媛県松山市
58.5cm×37.0cm
愛媛の中でも中予地方に多いとされるかたち。中央の藁束の数は、吉数の「七」となっている。小さい杓子では五束、三束となる。

Ladle

A ladle is a standard kitchen utensil used for scooping up rice or soup into a bowl. Ladle-shaped shimekazari are common all over Japan and are intended to "scoop up good fortune." A ladle is also a sign of gratitude toward the housewife (or other person) who serves the food every day and who was formerly believed to have a special relationship with the agricultural gods.

上｜愛媛県松山市
橙と裏白は輪の上部につける。二つの橙には、「お正月様の目」「夫婦仲良く」「代々栄える」など諸説ある。

下｜愛媛県松山市
前垂れについた杓子。

右｜長野県上田市
裏口、勝手口などさまざまな場所に付ける。
左｜輪の上部から紙垂を下げる。杓子はもともと前垂れを曲げたものだという名残りである。結び目には松葉を挟み込んでいる。

馬《うま》
──トシガミ様の乗り物

馬には「速さ」と「馬力」があり、速さは伝達力、馬力は運搬力や武力となります。その力強さは信仰心を育み、馬は「神の乗り物」として神格化されてきました。神迎えの藁馬を作る風習や、流鏑馬《やぶさめ》、野馬追祭《のまおいまつり》など、馬にまつわる神事も多く残されています。いまでも大きな神社には神馬舎《しんめしゃ》があり、祭事に備えて馬が大切に飼育されています。

昔は生きた馬を神社に奉納する習わしがありましたが、しだいに木製や土製の馬に代わり、現在のような絵馬の奉納へと繋がりました。

さまざまな素材で馬を作り、奉納してきた歴史を考えると、しめかざりを馬のかたちに作ることも自然な流れだったように思います。写真のしめかざりは八〇歳を過ぎた職人さんが製作したもの。少しでも青い藁のほうが綺麗だからと、七月の暑い最中に一人で稲刈りをしています。お元気そうですが、ご本人は、「今年で最後かな…」と呟いたり。トシガミ様を乗せる馬のしめかざり。これからも、たくさんの家々にトシガミ様を導いてください。

三重県伊賀市

36.0cm×57.0cm

向かって左の細く綯い上げたほうが頭で、右が尾。足を開脚し、まさに天駆ける姿。

Horse

Horses have been considered divine since ancient times thanks to their speed and power, and old religious festivals featuring *yabusame* (horseback archery) or *nomaoi* (wild horse racing) are common. The shimekazari in the picture was made by an artisan in his 80s from Mie pref. The head is to the left and the tail to the right. With its legs wide apart, it looks as if it is galloping across the sky.

鋏《はさみ》――厄災断ち切るブッチガイ

鋏で何かを「切る」行為は、神話世界では断絶や終焉を意味します。たとえばギリシャ神話では、「鋏」は運命を司る女神モイラの持ちもので、生命の糸を切る道具として用いられます。

日本では、御殿場にある神場山神社《じんばやまじんじゃ》が鋏と深い関わりを持っています。この神社には疫病を断ち切るというご利益があるため、参拝者は病気の治癒を祈願するさいに鋏を借り受け、全快すると一回り大きくした鋏を返納するそうです。そのため、神社には大きな鋏がいくつも奉納されています。

この「鋏」を象ったしめかざりは、「ブッチガイ」とよばれています。おそらく「打《ぶ》っ違《ちが》い（十字形に斜めに交差させること）」からきた名称なのでしょう。このしめかざりは厄災、悪縁、悪疫などを断ち切るといわれています。

ブッチガイを作っているおばあさんは、父親から受け継いだ三代目です。「先代は、赤色は血を連想させると言って必ず白い御幣《ごへい》を付けていたけど、今は紅白の御幣のほうが人気だから、私は紅白を付けているの」

そう話すおばあさんも、私の意図をくんで真っ白な御幣を付けてくれました。

静岡県御殿場市

67.0cm×41.0cm

三つ編みをした牛蒡じめのようなものを二つ作り、斜めに交差させる。

●

Scissors

Scissor-shaped shimekazari from Gotemba, Shizuoka pref. In the world of mythology, the act of cutting something with scissors signifies putting an end to things, notably epidemics, bad luck and bad relationships. The Jimbayama Shrine in the same town is dedicated to scissors and is visited by many people praying for recovery from their maladies.

鶏《にわとり》

——生命の復活を促す使者

夜の闇を払い、朝の訪れを告げる鶏。この世に光をもたらす存在として世界中で太陽信仰と結びついています。ゾロアスター教（拝火教）では、鶏は太陽の使い。日本では、記紀神話の天《あま》の岩戸《いわと》の物語が有名です。素戔嗚尊《すさのおのみこと》の乱暴なふるまいに恐れをなした天照大神《あまてらすおおみかみ》（太陽神）は、高天原にある洞窟のような岩屋戸に籠ってしまいます。すると世界は暗黒となり、困った神々は「常世《とこよ》の長鳴鳥《ながなきどり》（＝鶏）」を集めてこの闇を晴らそうとしました。

その故事にちなみ、伊勢神宮では式年遷宮のさいに「鶏鳴三声《けいめいさんせい》」という儀式が行われています。宮司が鶏の鳴き声を真似て「カケカフ（ウ）」と三度鳴き、境内の闇（邪気）を祓います。

また、天の岩戸の物語は「冬至」や「農耕」に関係するという説もあります。日光の少ない冬至の時期は、人も動植物も生命力が減退。農作物の乏しい冬に、暖かな太陽を求める気持ちがこの物語と繋がったのでしょう。

鶏は高らかな声で太陽を招き、生命の復活を促す動物です。きっとしめかざりの鶏も鳴いてくれるはず。太陽とともに新しい一年がスタートします。

宮崎県

33.0cm×26.0cm

販売時の商品名は「鳥」や「酉」など。背中にのせた譲葉は羽のイメージか。穴をあけて作った目が愛らしい。

Rooster

The rooster, whose morning call dispels the darkness of the night and welcomes the day, has been celebrated as a symbol of the sun and the rebirth of life in many religions across the world. This rooster shimekazari is from Miyazaki pref. The evergreen fern leaves on its back (which signify prosperity through the generations) look like wings, and the shape of the eye is also lovely.

正月魚《しょうがつよ》

――縁起をかついで心臓も目も抜かず

正月に食べる特別な魚を「年取《としと》り魚《ざかな》」、「正月魚《しょうがつうお》」などといいます。西日本では鰤《ぶり》、東日本では鮭《さけ》が主流ですが、西伊豆の田子地区では、鰹《かつお》の塩漬けである「潮鰹」を食べる風習がいまでも続いています。鰹や鰹節《かつおぶし》は昔から「勝つ魚」、「勝男武士」などといわれて縁起のよい魚ですが、田子では潮鰹に藁で装飾を施し、「正月魚《しょうがつよ》」として神棚に祀ります。「しおがつお」と「しょうがつよ」は掛詞です。

「正月魚」の左右のエラには藁が差し込まれています。豊漁、豊作の願いをこめた青い藁。この藁は「ハネ」とよばれ、羽のはえた鰹は天に向かう鳥のようです。保存のために内臓を取り除きますが、心臓だけは「魂が抜けないように」と残しておきます。そして、目も抜かずに「目が出るように」と縁起かつぎ。その目の中に塩を詰めて白くするのは、澄んだ瞳を再現するためです。細部にまで気を遣った田子の「正月魚」は、生きている頃の姿でトシガミ様をお迎えします。

静岡県賀茂郡
カネサ鰹節商店の作業場にて。正月魚を作っている。

New Year's Fish
A special fish is traditionally served during the New Year celebrations. In western Japan it is usually yellowtail, and in eastern Japan it is salmon, but in Kamo-gun, Shizuoka pref., it is bonito that is considered auspicious. The gills are stuffed with fresh green straw in a prayer for both a good catch of fish and bountiful crops.

懸《かけ》の魚《いお》

——初漁からの供物

「懸の魚」は、正月用の魚の飾り物で、大きく分けると二種類あります。一つは、二尾の鯛を腹で合わせて藁で結び、神棚などへ供えたもの。その姿から「にらみ鯛」とも呼ばれます。もう一つは、「幸木」に吊り下げる供物の魚のこと。「幸木《さいわいぎ》」とは、横木に大根や鰹節など正月の食料を吊るし、土間や年神棚《としかみだな》に飾るものです。「懸の魚」に用いる魚は鯛のほかに、サケ、フナ、マス、タラ、ブリ、イカなど土地によって異なり、前ページで紹介したカツオの「正月魚」も「懸の魚」の一種。昔、初漁で獲れた魚を氏神などに供えていた風習が、「懸の魚」文化のベースの一つになっています。

香川県の伊吹島には、独特な「懸の魚」があります。土台となる藁のかたちが珍しく、高さも一メートル近くあります。本来はここに鯛を付けるのですが、この漁師さんの家ではあまり付けてこなかったといいます（詳細は二章の採訪記へ→p.149）。

右頁｜兵庫県洲本市
二尾の鯛を腹で合わせた
「にらみ鯛」
左頁｜香川県観音寺市
伊吹島の漁師宅に伝わる
「懸の魚」。床の間の柱に
飾る。

Hanging Fish
A kind of decoration found in western Japan. It comes in two types: one type is a pair of sea breams tied belly to belly and served as an offering to the gods by grateful fishermen. As a shimekazari, a pair of sea breams or other local varieties are hung on a "lucky crossbar" along with radishes, bonito flakes and other traditional New Year foodstuffs.

香川県観音寺市
前頁の漁師宅の台所。じつはこの台所のしめかざりが「懸の魚」を作るためのパーツとなる。

香川県観音寺市
同じく漁師宅の神棚。この神棚のしめかざりと、右ページの台所のしめかざりを組み合せて、一つの「懸の魚」を作る。

鳩《はと》
——阿吽の呼吸で家々を守る

神社の境内で、たくさんの鳩に囲まれて驚くことがあります。西洋では「鳩」といえばオリーブの枝をくわえた平和の象徴ですが、日本では「八幡神の使い」として古くから神社などで大切にされてきました。各地に八幡神を勧請《かんじょう》するさい、鳩がその道案内をしたという説話が由来。鶴岡八幡宮の扁額をよく見てみると、「八幡宮」の「八」の字が向かい合った鳩のかたちになっています。武神と敬われる八幡宮ですが、扁額の鳩はとても平和的な表情を浮かべています。

鳩のしめかざりを京都で見つけました。しかし店主に聞いても、なぜ鳩のしめかざりが京都にあるのかわからないとのこと。推論ですが、三大八幡宮の一つとして有名な、京都の岩清水八幡宮の影響があるのではないでしょうか。岩清水八幡宮でも鳩はシンボルとされ、楼門には一対の鳩の錺《かざり》金具が見られます。向かって右の鳩は口を開け、狛犬がするように阿吽の呼吸で神前を守っています。

一見、鳩のしめかざりは一連の輪にみえますが、じつはその裏側に同じ大きさの輪がもう一つ隠れています。阿吽の二羽の鳩が一つになり、魂を合わせて正月の家々を守っているのかもしれません。

京都府京都市
42.0cm×42.0cm
正面からはわかりづらいが、輪の部分は二重になっている。藁のモト（根元のほう）で翼を象る。

Dove
In the West, the dove is considered a messenger of peace, but in Japan it is believed that a dove will lead the way when summoning Hachiman, the God of War. Interestingly, pairs of doves can be seen depicted at the entrance to shrines dedicated to Hachiman all around the country. One has its mouth open and the other one has its mouth closed, just like the more common guardian lion-dogs.

山口県山口市
35.0cm×38.0cm
この山口県のしめかざりは「鳩」なのかどうかわからない。しかし京都の「鳩」と同じ構造なので掲載した。このしめかざりには橙と蜜柑が付いているが、その理由は不明。

山口県山口市
35.0cm×38.0cm
右ページの山口県のしめかざりを正面と斜めから撮影したもの。京都と山口のしめかざりは、どちらも同じ大きさの輪を二つ重ねた構造になっている。その理由は、「左右の翼を藁のモト（根元のほう）で作りたい」ということだと思われる。一つの輪には一つのモトしか存在しないため、翼を左右に出すには、輪を二重にせざるをえなかったのだろう。

眼鏡《めがね》
──先を見通す力にあやかりたい

「眼鏡」と呼ばれるしめかざりを初めて知ったとき、瞬間的に「もとは違う名称だったのでは?…」と思いました。眼鏡という文化自体が、かなり新しいものだと感じたからです。歴史を紐解くと、日本最初の眼鏡は一五五一年にフランシスコ・ザビエルが持ち込んだとのこと。江戸時代には「眼鏡」という文字表記が定着したそうです。そこから考えれば、眼鏡型のしめかざりが生まれても不思議ではないのですが、当時の日本人にどこまで眼鏡に対する思い入れがあったのかは疑問です。

私の仮説ですが、「眼鏡」のしめかざりはもともと「海老」だったのではないでしょうか。眼鏡型のしめかざりを「眼鏡」とも「海老」とも呼ぶ土地が少なからずあるからです。また、岡山から鳥取へ抜けるルートは、「眼鏡」が「海老」に変化するさまを体感できます。

しかし現在、眼鏡のしめかざりは「先を見通す」として全国で親しまれています。それで良いのかもしれません。由来の真偽を問うより、しめかざりに自分なりの思いや願いを乗せることの方が大切です。

岡山県岡山市
47.0cm×22.0cm
岡山の眼鏡は太いのが特徴。向かって左の輪は右綯い、右は左綯い。

Eyeglasses
Eyeglass-shaped shimekazari are popular nationwide as a sign of "looking ahead." Although eyeglasses may seem like a recent import, they have actually existed in Japan since the 16th century. However, it seems doubtful that people back in the Edo period would have turned them into shimekazari, and the shape may originally have been modeled on a prawn, which is a traditional symbol for longevity.

広島県庄原市
36.0cm×24.0cm
岡山のものよりすこし細く、輪が丸い。岡山とは逆で、向かって左の輪は左綯い、右は右綯い。

上｜兵庫県明石市
51.0cm×19.0cm
眼鏡部分は縦長の楕円となる。上部に飛び出した二つのツノは「海老」を彷彿とさせる。輪の綯い方は、左右とも左綯い。

下｜京都府京都市
57.0cm×21.0cm
輪は小さめ。輪の綯い方は、左右とも右綯い。

岡山県新見市
藁の先端がVの字に飛び出した、元気な「眼鏡」。装飾も個性的で、楽しんで作っている姿が目に浮かぶ。

「新見のしめかざり展」（2016年12月16日～18日、新見文化交流館、岡山県）で撮影したもの。岡山県新見市市内の5地区から作り手を集め、個性豊かなしめかざりを競演させるという試み。同じ「眼鏡型」でも、縄の綯い方や輪のバランスがまったく違う。左上は、綯った縄を二つ用意してさらに綯う、という頑丈なつくり。左下は地に足をつけ、踏ん張る姿をあらわすという。そして藁の色や質感から、使用している稲の種類、乾燥方法、藁の始末（準備）のしかたにも違いを見てとれる。

蘇民将来《そみんしょうらい》

——神様からのお札

三重県伊勢地方では、しめかざりに「蘇民将来子孫家之門」と書かれた木札を付ける風習があります。その由来となるのは『備後国風土記』に書かれた逸話。

神様が旅の途中で一夜の宿を求めますが、裕福な暮らしをしている巨旦将来《こたんしょうらい》に断られてしまいます。しかし、その兄の蘇民将来が、貧しいながらも迎え入れ、できるだけの接待をしました。神様はそのお礼にと、蘇民将来の子孫だと言って茅《ち》の輪を腰につければ、疫病を免れると告げました。

そのため「蘇民将来子孫家之門」は魔よけの言葉となり、現在では多くの護符が生まれています。短い六角柱の棒にこの言葉を書いたものや、紙に書いて門口に貼るものなど、土地によってさまざまです。

伊勢のしめかざりは、お正月が過ぎても魔よけとして一年中飾ります。木札の言葉は「蘇民将来子孫家之門」以外にも「笑門」「千客万来」などがあり、販売店の話では「笑門」が一番売れるとのこと。また、このしめかざりは全国的に人気が高く、いまでは三重県以外の土地でもよく見かけます。商店などに飾られていることが多いので、みなさんのご近所で見つけてみてください。

京都府京都市

京都の民家に飾られた「笑門」のしめかざり。祇園祭で販売される厄よけの粽[ちまき]とともに飾られている。じつはこの粽も蘇民将来の話にちなんでおり、写真では見えないが「蘇民将来子孫也」と書かれた護符が付いている。

◉

Somin Shorai

An old legend tells of how a god disguised as a wanderer who was seeking lodging for the night was turned away from a rich man's house, but warmly welcomed in the house of his poor brother, Somin Shorai. As thanks, the god made Shorai and his descendants immune against epidemics. Thus, Somin Shorai charms were believed to ward off evil and bring good fortune. Other varieties of the charm say "Everybody welcome" or "Home of those who smile." The latter is particularly popular on shimekazari all over Japan.

滋賀県長浜市
滋賀県で見た「蘇民将来」のしめかざり。一年間飾られていたものを年末に撮影したので、藁も橙も変色している。橙のネットは落下防止だろう。

三重県伊勢市
典型的な伊勢のしめかざり。装飾として、魔よけの馬酔木［あせび］と柊［ひいらぎ］が付いている。モト（藁の綯い始めの部分）が向かって左側にくるのが特徴で、これを「出船かざり」と呼んだりする。（モトが右にくると「入船かざり」となる。）

三重県松阪市
同じ三重県でも伊勢と松阪では少しかたちが違う。松阪のものは兜のように角［つの］が立ち、垂れが末広がりになっている。その力強い形状から「男〆」とも呼ばれる。

お顔隠《かおかく》し

――見ない、見えないように

「お顔隠し」は、埼玉県や群馬県で見られるしめかざりです。多くは、暖簾《のれん》状に垂らした藁を二束に分けて、左右でまとめたかたちをしています。これを飾るのは主に神棚や正月棚で、「神様の顔を直接見ないように」「内部があからさまに見えないように」などの意味が込められています。しかし、「お顔隠し」は家ごとにかたちや飾り方が変わるため、垂れた藁を三束、五束にまとめたり、玄関に飾ることもあります。

左のページの写真は、二〇〇五年に群馬県中之条町で開催された「暮市《くれいち》」で売られていたもの。さまざまな正月用品の露店が並ぶ中、しめかざりの露店は五つほど出ていました。そのうちの一つはもともと花屋をしていたご一家で、しめかざりの販売を始めて七〇年ほど経つそうです。

この店では牛蒡《ごぼう》じめや輪飾り、玉飾りなども製造・販売していますが、現在では縄の部分は機械で綯っているとのこと。しかし、「お顔隠し」は機械で作ることができないため、完全に手作りです。今後、「お顔隠し」が「手間のかかるしめかざり」として消えてしまわないとよいのですが…。

群馬県吾妻郡
48.0cm×65.5cm
垂らした藁を三束にまとめている。装飾品は紙垂、橙、譲葉、裏白、松の枝、昆布、海老、水引。

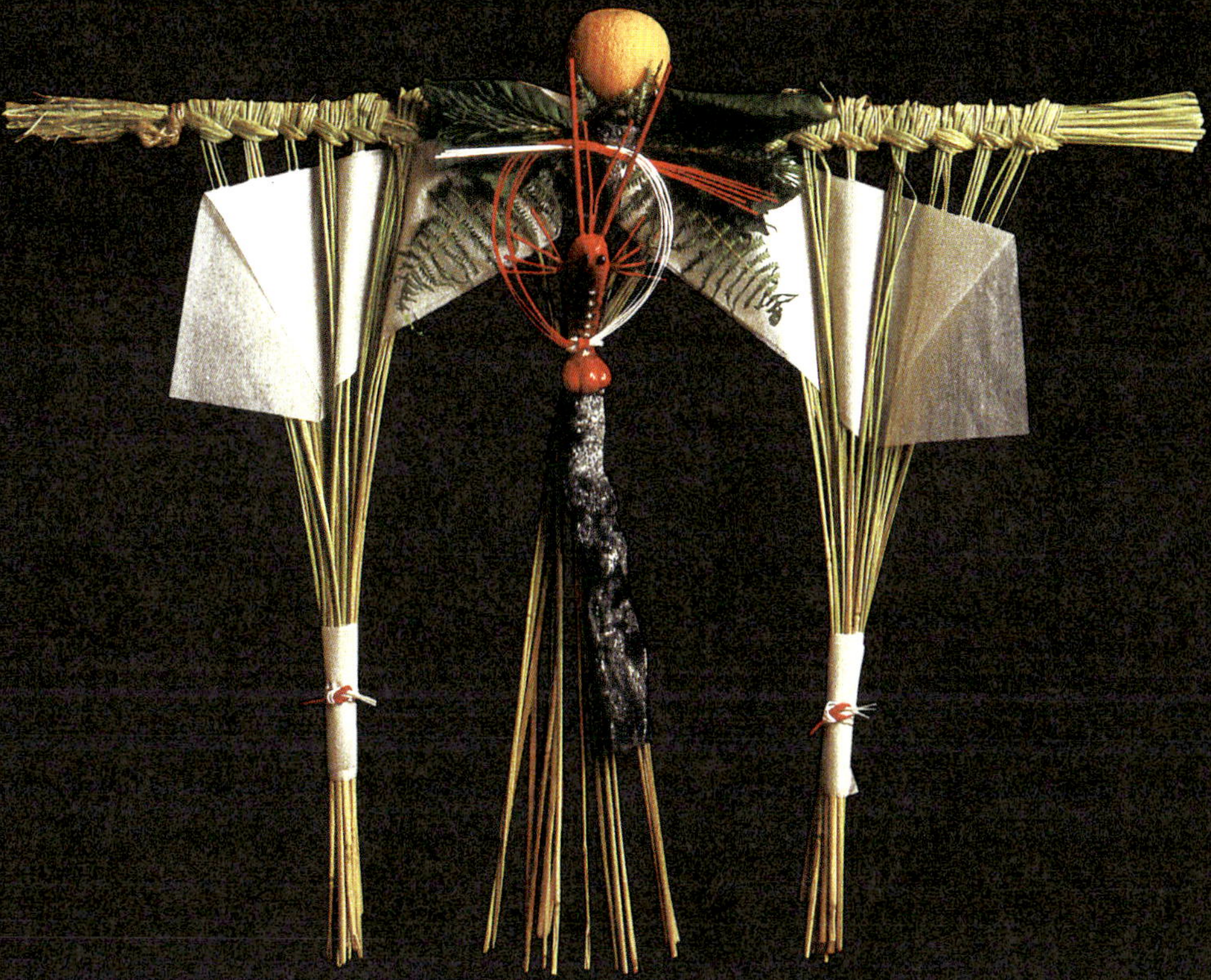

Face Cover
A fairly complicated and labor-intensive type of shimekazari with dangling straw tied together into two or more bundles. It is hung in front of the household shrine or New Year altar in order to “not look the god directly in the face” or to “hide the interior from direct view.” It can be found in Saitama and Gunma prefectures.

埼玉県児玉郡
垂らした藁を二束にまとめている。装飾品は紙垂、ミカン、松の枝。松の枝はミカンと紙垂を貫通するように刺されている。

埼玉県児玉郡
右ページの「お顔隠し」を玄関に飾ったところ。手前の柱には「コジコメ」というしめかざりを付ける。詳細はp.136へ。

七五三縄《しめなわ》

――サゲの数が秘めること

しめ縄のことを「七五三縄」と表記することがあります。それは、縄から垂らした「サゲ」の数が、七筋、五筋、三筋のものがあるからです。奇数を陽数として重んじた古代中国の影響という説が一般的ですが、明確な理由はわかっていません。

写真の七五三縄では、サゲの一本一本が「牛蒡じめ」のようなかたちをしていますが、何も加工していない藁束（または藁しべ）を垂らすこともあります。

また、土地によってはサゲの本数が「七・五・三」以外の場合もあります。岡山県では、「正月のシメは一・五・三、その他の祭りには七・五・三を使う」、香川県では、「死者の出た家には四・二・一を飾る」、「お産のあとにしものものをしまつする場所には三・五・三を付ける」など。

宮本常一は『日本の年中行事』の山口県の項で、「七五三」の「七」は「一」に省略することが多いと書いています。たしかにそう考えると、なぜ数字順に「一・三・五」ではなく「一・五・三」なのかという謎も解けます。

しめ縄を見るときは、「サゲ」の本数にも注目してみてください。まるで暗号のように、多くの情報を発信しています。

長野県上田市

●

7-5-3 Rope

A shimenawa is sometimes called a “7-5-3 rope” because of the thinner straw ropes dangling down from it, usually in groups of seven, five or three, which are traditional auspicious numbers. However, there are many local varieties, and other numbers and combinations also occur. The number of dangling ropes can sometimes be a sort of code.

おっかけ

――波のかたちに惹かれ……

広島県内陸部にある東城町《とうじょうちょう》には、「おっかけ」というしめかざりがあります。私がそれを知ったのは、東城町文化財協会が発行した『東城の文化』(昭和四四年)という冊子。この地域に伝わる二〇種類ほどのしめかざりがイラストで描かれており、その素晴らしい観察眼と愛情溢れる筆致に感激しました。中でも「おっかけ」という名称のしめかざりに私は魅了され、すぐに足は東城町へ向かっていました。

「おっかけ」のかたちは、牛蒡じめが波のように連なり、まるで「追いかけて」いるように見えます。それが名前の由来だと思うのですが、現地で知り合ったかたがた全員に「『おっかけ』は聞いたことがないな」と言われる始末。この四〇年で名称が消えてしまったのでしょうか。しかし、諦めずに歩き回り、とうとう発見しました!

小さな山の中にひっそりと佇む世直《よなおり》神社。その社殿にはたしかに「おっかけ」が飾られています。雨と寒さで固くなっていた心が一気に高揚し、なんと天気も晴れてきました。その後、「おっかけ」に似たようなかたちが岡山県や宮城県にもあることを知りました。名称は違うかもしれませんが、全国的に広く分布しているのかもしれません。

上｜広島県庄原市
世直［よなおり］神社の「おっかけ」。

下｜広島県庄原市
「おっかけ」の結合部分を拡大したもの。縄目のあいだに差し込んでいる。

◉

Okkake

"Okkake" is a charming shimekazari from Tojo, Hiroshima pref., that seems to have fallen out of use, and few people now remember its name even in the local area. The straw is twisted into a burdock root shape, with the end fanning out like a wave. The picture is from the Yonaori Shrine deep in the mountains, where the main building was decorated with okkake.

玉飾《たまかざ》り系

――輪をかたどる玄関用

ここまで、「宝珠」や「眼鏡」などさまざまなかたちを紹介してきましたが、それらは全国にあるしめかざりのほんの一部にすぎません。かたちのバリエーションは山を越え、川を越え、果てしなく広がっています。

多種多様で捉えどころのないしめかざりですが、その「構造」に注目してみると、大きく五つの傾向に分類することができます。「玉飾り」系、「牛蒡じめ」系、「大根じめ」系、「前垂れ」系、「輪飾り」系です。詳細は3章をご覧いただくとして、ここでは全国のしめかざりの中で「玉飾り」の系統と思われるものを取り上げます。

玉飾りの特徴は、「玉」を思わせる太い輪です。その輪が一重、もしくは幾重にもなり、多くは輪から「サゲ」といわれる藁が垂れています。裏白や橙などの装飾をつけて玄関に飾るのが定番。すでに紹介した中では、「広島の宝珠」「松竹梅」「蛇」などが玉飾りの系統です。

しかし、本書では「玉飾り」を「輪の形状の玄関用しめかざり」と定義して、細めの輪や主流から外れたかたちも掲載しています。

東京都日野市
高幡不動尊の玉飾りは、橙が小ミカンに見えるほどの大きさ。輪の中央にある三つ編みは、それぞれサゲ（輪から垂れた藁束の部分）と繋がっている。

Ball-type Decorations

Shimekazari can be roughly divided into five groups. One of them consists of thick rings of straw that form a ball-like shape. This basic structure is then garnished with dangling straw ropes, white paper strips and bitter oranges, and hung on the front door. The "Wish-fulfilling Gem" (p. 017), "Pine, Bamboo and Plum" (p. 029), and "Snake" (p. 063) all belong to this family.

上｜北海道札幌市
95.0cm×41.0cm
橙や裏白などが採れないため、紙やプラスチックの縁起物で華やかに装飾。玉飾りの素材は稲藁ではなくスゲ。開拓時代に十分な稲藁を確保できず、スゲや古俵を解いたものを利用していた名残だという。

下｜静岡県熱海市
81.0cm×23.0cm
このしめかざりは稲藁で作られ、たっぷりとした稲穂まで付いている。稲穂の水平ラインを揃えるのは意外と大変なはず。細身だが、豪華なしめかざり。

上右｜秋田県大館市　54.0cm×19.0cm
上左｜富山県高岡市　51.0cm×25.0cm
下右｜秋田県秋田市　61.0cm×31.0cm
下左｜岩手県花巻市　54.5cm×24.5cm

牛蒡《ごぼう》じめ・大根《だいこん》じめ系――横もしくは縦一文字に飾る

「牛蒡じめ」は、藁を一定の太さで一文字に綯《な》ったかたち。多くは紙垂《しで》や藁束を下げますが、何も付けないこともあります。玉飾りなどに比べると装飾は少なめで、玄関や神棚に飾ります。横ではなく縦に飾ることもあり(→p.113・下)、その場合は松の枝と組み合わせて、門の両脇に付けるのが一般的です。

「大根じめ」は、牛蒡じめの中央を太くしたようなかたちです。玉飾りのような長いサゲを垂らしたり、湾曲させて船形にしたりと、いろいろなかたちに展開されます。すでに紹介した「宝船」や「打出の小槌」が大根じめの系統といえるでしょう。

しかし実際に各地をまわると、「牛蒡じめ」と「大根じめ」の名称の使い分けは曖昧です。多くの場合、細くても太くても一文字のものは「牛蒡じめ」、もしくは単に「しめ縄」とよばれていました。

ここでは、「牛蒡じめ」と「大根じめ」の系統を無理に分けることをせず、まとめて掲載します。

上｜京都府京都市
大根じめの系統。中央が太く、藁束を二つ下げている。藁束を和紙と水引で包むことは、関西圏でよくみられる。
下｜長野県上田市
縦型の牛蒡じめ。松の枝とともに入り口の両脇に掛けられていた。

◉

Burdock and Daikon

In a shimekazari of the burdock type, the straw is twisted into a rope with a uniform thickness. This type is usually left undecorated, and is hung either horizontally or vertically on the front door or the household shrine. In contrast, a daikon shimekazari is thicker toward the middle, like a large radish. However, the distinction between these two families is rather blurry. The "Treasure Ship" (p. 047) and the "Magic Mallet" (p. 027) are both of the daikon type.

上｜富山県高岡市
23.0cm×70.0cm
「大勝尾」とよばれるしめかざり。縁起の良い「鰹」をあらわす。よく見ると中央がほんのり太くなっている。系統でいえば牛蒡じめと大根じめの中間のようなかたち。

下｜鹿児島県鹿児島市
30.0cm×72.0cm
大根じめの系統。左右の両端を翼のようにカットし、鶴のかたちともいわれる。

上｜山口県山口市
64.0cm×47.5cm
大根じめの先端を丸め、俵を思わせるような輪飾りを乗せる。宝船ともいわれる。
下｜沖縄県石垣市
85.5cm×65.0cm
紙垂の三色（白、赤、青）と昆布（黒）、藁（黄）で中国の五行説と繋がる色合わせ。中央の小さな俵状のものは色紙を巻いた炭。炭と昆布で「たん（炭）と喜ぶ（コンブ）」の語呂合わせという。

前垂《まえだ》れ系

――家を飾る元祖「しめ縄」

「前垂れ」は、のれん状に藁を垂らし、紙垂や橙、裏白などを付けて玄関や神棚に飾ります。しかし一口に「垂らす」と言ってもその垂らし方はさまざま。細い藁しべを等間隔に垂らした風通しのよさそうなもの、藁を隙間なくギッチリと並べて「板」のようにしたもの、垂れた藁をカーテンのように束ねたものなど。板状のものは、その見た目どおりに「板じめ」ともよばれます。

本書の冒頭でも書いたように、しめかざりの起源が一本の細い縄(=しめ縄)だとするならば、「前垂れ」はしめかざりの中で最もしめ縄に近いかたちかもしれません。昔、「しめかざり」というものがなかった頃、正月には垂れを付けた「しめ縄」を家の内外に張り巡らせていました。それがしだいに短くなり、現在の「前垂れ」として残ったとも考えられます。

そんな前垂れですが、昔は庶民の家のボロ隠しだったという話もあります。古びた玄関の傷みや汚れを一瞬で「無きもの」にする、江戸庶民の必殺技だったと考えるのも楽しいですね。

上｜愛媛県西予市
明治に開校した小学校。
下｜京都府京都市
前垂れに、牛蒡じめや玉飾りを付けている。

◉

Apron

In this type, dangling straw hangs from a horizontal rope almost like a curtain. Garnished with paper strips and bitter oranges, it is hung on the front door or in front of the household shrine. Among the five shimekazari types, the apron type may be closest to the roots as a regular shimenawa. However, another theory claims that the apron type was originally a clever way among the common people of Edo of concealing the poverty and state of disrepair inside the house.

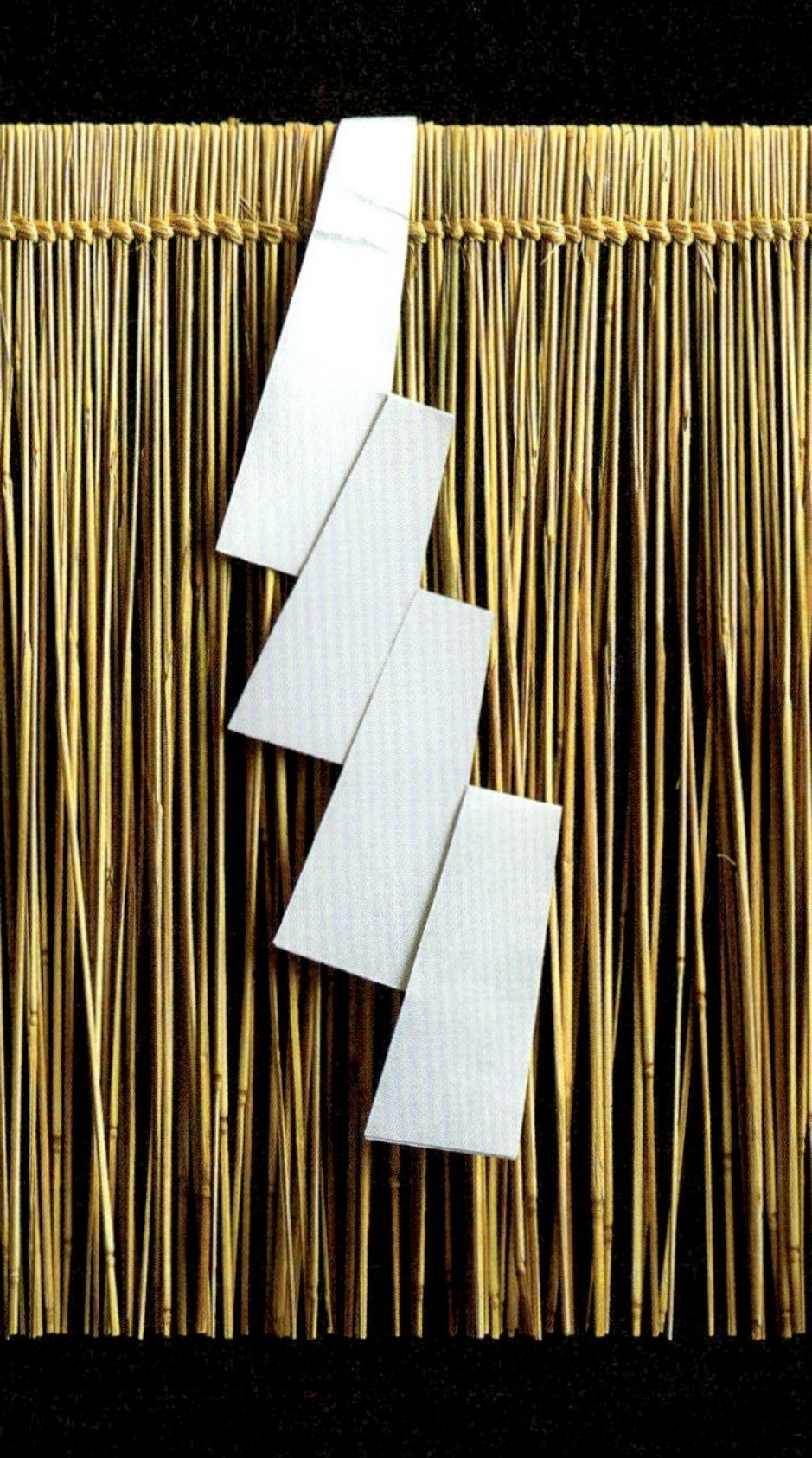

高知県四万十市
33.0cm×35.0cm
前垂れの変形。垂らした藁を三つに束ねて神棚に飾る。名称は「三社」。一般的に神棚の三社といえば「天照大御神、氏神、その他崇敬神社」のこと。同様のかたちで「五社」もある。

長野県上田市
上田駅前の国道沿いに突然現れる小さな社、原町市神社[はらまちいちがみしゃ]。しめかざりは前垂れを二つに束ねたかたちで、「前掛けじめ」という。横軸の先端が三つ編みになっている。

輪飾《わかざ》り系――日々の働きに感謝のしるし

「輪飾り」は、飾る場所が限定されておらず、しめかざりの中ではもっとも汎用性が高いものです。主に水回り（台所、風呂、トイレなど）や勝手口に用いますが、車や自転車、農機具、倉庫、窓、屋外洗濯機、物干し竿、そして庭に置かれた子供のおもちゃにまで飾られているのを見たことがあります。

それは、この一年頑張ってくれた「道具」たちを労《ねぎら》い、感謝するという役目が、「輪飾り」にはあるからです。輪飾りを見つけると、そこの住人が普段何をよく使っているのか、何を大切にしているのかが伝わってきます。

玄関のしめかざりは毎年買うけれど、輪飾りは買ったことがないという人もいるでしょう。しかし本当は、自分の生活にいちばん寄り添ってくれるしめかざりです。

写真の輪飾りは、必ずしもその土地で「輪飾り」とよばれているわけではありません。しかしどれも汎用性が高く、どこにでも飾ることができる「輪飾り」の系統。玉飾りに比べると華奢で頼りない風貌ですが、じつは骨太の働き者です。

上右｜岡山県倉敷市
30.0cm×10.0cm
眼鏡型の輪飾り。岡山県は大きな玄関飾りも眼鏡型。
上左｜東京都八王子市
60.0cm×10.0cm
名称は「熨斗」。「のし」の文字を象っている。
下右｜宮城県伊具郡
48.0cm×8.0cm
名称は「輪通し」。装飾の意味は、「わらわら（藁）と喜んで（昆布）神（紙垂）を待つ（松）」
下左｜愛知県名古屋市
23.5cm×5.0cm
名称は「豆」。豆を象っているわけではなく、サイズのこと。

◉

Rings

Rings are the most versatile type of shimekazari, and can be hung almost anywhere from the bathroom and other places with circulating water, to cars, bicycles, and agricultural machinery. Aside from welcoming the Toshigami, the circular rings are also a way of giving thanks to tools and machinery for their faithful service throughout the year. Although these shimekazari may look delicate, they robustly fulfill multiple functions.

右｜東京都杉並区
全国でよく見られるかたちの輪飾り。門の松飾りに掛けることが多い。よく見ると縄の形状には二種類あり、綯った縄を輪にしたものを「リンボウ」、三つ編みを輪にしたものを「ジョウワ」という。
リンボウは「輪宝」のことで、インドの転輪聖王の持ち物。車輪のかたちをした「輪宝」は王の前を先行して進み、邪悪なものを打破して道を開くとされている。ジョウワは「上輪」「定輪」などと表記されるが、その意味は不明。

左上｜東京都杉並区
名称は「リンボウ」。綯ったものを輪にしている。

左下｜東京都杉並区
名称は「ジョウワ」。三つ編みを輪にしている。

二

しめかざり探訪

山形県

稲作の苦難の歴史を超えて「俵じめ」に新年のエネルギーを蓄える

私が毎年恒例にしている「しめかざり探訪」。二〇〇四年は、年末に山形〜秋田〜青森をまわり、年始に京都・奈良を探訪しました。

〈旅程〉

二〇〇四年
十二月二八日　東京〜大石田〜銀山温泉〜新庄〜余目〜鶴岡
十二月二九日　鶴岡〜藤島〜酒田〜秋田
十二月三〇日　秋田〜大曲〜角館〜鷹巣〜大館
十二月三一日　大館〜弘前〜青森〜八戸〜東京
二〇〇五年
一月二日　東京〜京都
一月三日　京都

❶—右｜鶴岡駅の門松についたしめかざり。
❷—左｜門松のしめかざりを裏返したところ。

一月四日　京都～奈良～東京

この行程の中から、奇跡の出会いに恵まれた山形県の探訪について記します。

落武者《おちむしゃ》のようなしめかざりに出会う

二〇〇四年十二月二九日、曇り。山形県の鶴岡駅前にあるビジネスホテルで起床。この日の予定は、一駅となりの藤島町を探訪することです。

いつもの探訪ウエア（上半身六枚、下半身三枚の重ね着）にリュックと一眼レフカメラを携えて、まずは最寄りの鶴岡駅へ。発車まで少し時間があったので駅周辺を散策すると、駅の入口に門松が立っていました。門松には小さなしめかざりが付いていて、あきらかに東京のものとは違うかたちです［↓①］。しかし、装飾（裏白《うらじろ》や紙垂《しで》など）が多くて、土台の藁《わら》のかたちがよくわかりません。そんなときに私がとる方法は「裏返す」。周囲の目を少しだけ気にしつつ裏返してみると、羽を背負った天使のようなしめかざりが現れました［↓②］。これは新潟で見られる「つばさ」というしめかざりに似ています［↓③］。新潟のものが入ってきたのか、山形で作られたものなのかはわかりません。

裏返したしめかざりをそそくさと元に戻し、羽越本線で藤島駅へ。藤島駅前には大きな商業施設もなく、静かで空の広い住宅街です。道路はもちろん、屋根にも車にも分厚く雪が積もっていました。

❸一新潟県の「つばさ」

歩き出してすぐ、ある電気店の軒下に気になるしめかざりを発見！　かたちは「牛蒡《ごぼう》じめ」ふうなのですが、その両端があまりにも荒々しく切断され、縄目から藁も飛び出しています［↓④］。私は勝手に「落武者《おちむしゃ》じめ」と名付けて一人ほくそ笑んでいたのですが、やはりきちんと正体を解明しなくてはなりません。少し躊躇しましたが店に入って尋ねてみることにしました。

出羽神社「綱まき神事」の奥深さ

「すみません、このしめかざりを撮影してもいいですか？」

「まぁまぁ、それはいいから入りなさいよ」

驚くほどきさくに、店主は私にお茶とお菓子を出してくれました。その人は工藤正喜さん。ここは家電製品の販売店ではなく、電気工事などを請け負う会社兼自宅なのだそうです。

さっそく軒下の飾りについて尋ねると、これは毎年大晦日に行われる羽黒山《はぐろさん》の松例祭《しょうれいさい》で、参拝者に撒かれる縁起物の綱だという。家に飾ると邪気を祓うというので、そのまま正月の飾りにする家が多いそうです。しかし、なぜこんなに荒々しい綱を撒くのでしょうか。もう少し詳しく知りたくて、後日この神事について調べてみました。

羽黒山は出羽三山の一つで、山頂に出羽神社があります。松例祭は出羽神社最大のまつりで、大晦日から元旦にかけてさまざまな神事が執り行われます。その中の一つ「綱まき神事」が、あの工藤さん宅の綱飾りと繋がりました。

「綱まき神事」ではまず、大量の綱、綱、縄などを用いて巨大な松明を制作します。この松明は、むかし農民を苦しめた「ツツガムシ（ダニの一種）」の象徴だという。苦労して完成させた松明ですが数時間後には解体し、材料にしていた綱や縄を切り刻みます。綱や縄（＝命）を切ることは、ツツガムシ（＝悪疫・災厄）の消滅を意味します。

この切り刻んだ綱を参拝客に撒くのが「綱まき神事」。ここで工藤さんはあの綱を掴んだのです。しめかざりらしからぬ荒々しい切り口も、いかにも悪（ツツガムシ）の息の根を止めるイメージです。

ツツガムシも退治できたし、これでめでたし、めでたし…と、言いたいところなのですが、この神事の奥深いところはこのあとです。なんと、せっかく息の根をとめたツツガムシを、わざわざまた作り直すのです！　つまり悪の復活を意味し

❹―藤島町で見つけた荒々しいしめかざり。

❺—電気店の神棚に掛けられたしめかざり。

ます。さきほどは縄を断つことで命を絶ちましたが、今度は縄を結ぶことで命を結ぶ（再生する）のです。縄の持つ霊力を人々が信じてきた証拠です。

再生したツツガムシは最終的に燃やされて、ようやく息絶えます。この神事の根底に「悪は一度では死なない、きっと息を吹き返す」という考えがあるのは、この土地の人たちがくり返し疫病や災厄に悩まされ続けてきたからにほかなりません。それを思うと、あの工藤さん宅の綱飾りが最初とは違うものに見えてきます。「縁起物」という言葉ではすまされない、苦難の歴史を綯《な》い込んだ「記憶の綱」。この綱飾りのように、その土地でしか生まれ得ないしめかざりが、全国にはたくさんあるのでしょう。「しめかざり」という文化は、思った以上に懐が深そうです。

藁で作られたエメラルドの輝き

探訪に戻ります。電気店内の温かさと工藤さんが出してくれたお茶のおかげで、心は完全にリラックスモード。調子にのってお菓子にまで手をのばそうとした、そのときです。ふと見上げた神棚に、見なれないかたちの美しいしめかざりが［→⑤、→p.051］。このしめかざりの入手先や作り手のことを根掘り葉掘り聞く私に、工藤さんは「じゃあ今から会いに行く？」と軽やかに車を出してくれました。

車窓に広がるのは一面の銀世界。広大な田んぼに雪が積もり、米どころに来たことを実感させられます。十分ほどで車は住宅街に着いて停車。そのうちの一軒から小柄で温和な表情のおじいさんが現れました。その人は大久保辰吉さんといっ

❻—作りたての俵のしめかざり。

て、地元で有名な藁細工の名手です。藤島町の藁工芸部会会長という肩書きを持ち、台湾とも交流して藁文化の発展に尽くしてこられた方です。

大久保さんは、突然の訪問者を快く作業場へ案内してくれました。

自宅の隣にある作業場は大きな土間のような空間で、壁や天井にはたくさんの飾り物があります。自作と思われる蓑《みの》やバンドリ、箕、籠、俵、笠。天井からは裸電球と大小さまざまなひょうたん。机にはこまごました文房具といくつかの秤、テレビ、ラジオ、ポット。ストーブの上にはやかん。部屋の隅に藁打ち機もあります。この作業場は大久保さん自身を体現するワンダーランド。いっけん雑然とした雰囲気ですが、よく見ると一つひとつが大事そうに置かれていて、掃除も行き届いた気持ちのよい空間です。

そしてお目当ての、あのしめかざりも飾ってあります［↓⑥］。工藤さんのお店で見たものは、神棚に一年間飾ってあったので藁の色が黄色くなっていました。しかし、いま目の前にあるのは、できたてほやほやのしめかざりです。藁のみずみずしい青さ、色のグラデーション、ピシッと揃えた藁しべの硬質な艶、幾何学形態にも見えるシャープなかたち…まるで藁で作ったエメラルドです。大久保さんが愛情を持って丁寧に作ったことが一目でわかるそのしめかざりに、私はすっかり魅了されました。

「俵じめ」が生まれ、受け継がれる

このしめかざりは五穀豊穣を願って「俵」を象っているのだと、大久保さんは教えてくれました。しめかざりの中央、太くなっている部分が「俵」です。藁しべを筏《いかだ》状にすき間なく並べ、その中にアンコとなる藁を入れて包む。これを三つ重ねて、両端から藁を足しながら細縄を綯っていけばできあがり。文字で書くと簡単ですが、実際にはとても繊細で時間のかかる作業です。「一つ作るのに一日半くらいかかるかな。だからひと冬に二〇個くらいしか作れないよ」と大久保さん。藁もかなり丁寧にすぐって（要らない部分を取って）いるので、下準備も容易ではあ

❼—上｜写真上の太い藁束を丁寧にすぐる（要らないところを取る）と、下の細い束ほどの量になってしまう。しめかざりの仕上げを美しくするためには必要な作業。

❽—下｜大久保さんがしめかざりの作業をする場所。

りません［↓⑦］。

しめかざりの作業スペースにはゴザが敷いてあります。藁くず一つなく、作業が終わるごとに掃除をしていることがわかります［↓⑧］。しめかざり作りの道具は木槌、とんかち、H鋼、糸、花ばさみ、定規、小さな箒。ちなみにH鋼は土木・建築で使用される構造用資材で、大久保さんはそれを藁を叩くための台として使っています［↓⑨］。叩き台にH鋼を使っている職人さんは初めてだったので、少し笑ってしまいました。

じつは、この繊細なかたちのしめかざりは、大久保さんが昔、試行錯誤のすえに生み出したオリジナル。本来、鶴岡市周辺で主流なのは中央の俵部分を「綯った」ものです［↓⑩、↓p.052］。しかしこの「大久保型」［↓⑪、↓p.051］を習い、継承してくれる人が増えています。

この探訪から十三年経った現在（二〇一七年）、大久保さんは他界されていますが、

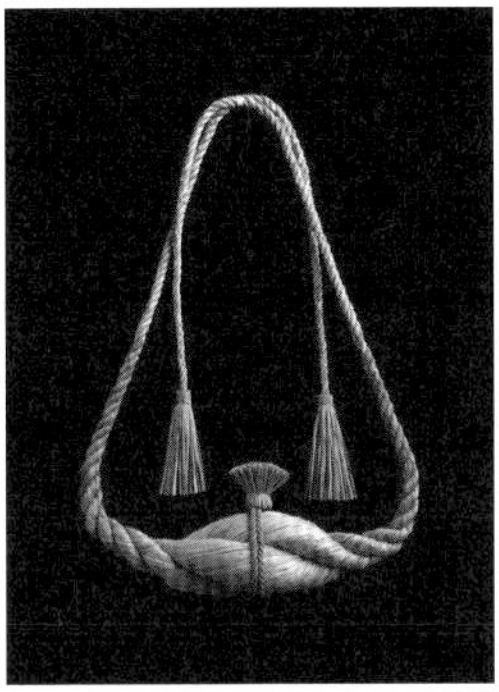

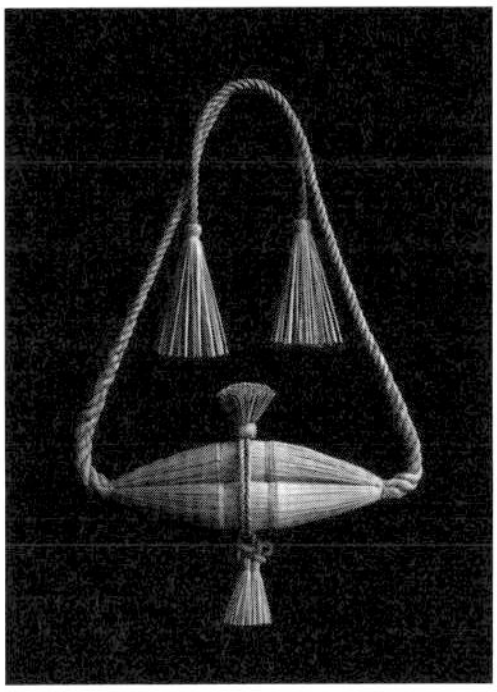

❾―上｜H鋼の上で藁を叩く大久保さん。

❿―中｜鶴岡市周辺で主流のかたち。

⓫―下｜大久保さんが生み出したオリジナルのしめかざり。

⓬－山居倉庫。十二棟が連なった米蔵。右にケヤキ並木が続く。

今でも毎年このかたちを作る人たちがいます。とても手間のかかるしめかざりを継承する理由は、そのかたちの美しさだけではなく、大久保さん自身が地元で愛され、尊敬されてきたからです。

米どころ山形の米蔵を見守る

ひととおり作業場を見学し、三人でストーブの前に集まってお茶タイム。「このあとはどうするの？　ぜひ山居倉庫《さんきょ》に行ってほしいな」と工藤さん。そこへ行けば大久保さんが仲間と作った大きな俵じめが見られるとのこと。

すると大久保さんは「これ持っていって」と、作りたてのしめかざりを私にさしだしました。製作の苦労を考えると本当に申しわけない気持ちでしたが、これを山形県以外の人たちに見せていくことが私の使命なのだと思い、ありがたく頂戴することにしました。

「車で送っていくから」と、またもや工藤さんのお世話になって山居倉庫へ。山居倉庫というのは明治時代に作られた米蔵で、テレビドラマ「おしん」の舞台として有名です。大久保さん宅から山居倉庫までは車で三〇分強。けっきょく工藤さんは、突然現れた見ず知らずの私に半日を費やしてくれたのです。いくら感謝してもしきれません。

山居倉庫は、土蔵造り十二棟が連なる現役の米蔵［↓⑫］。倉庫に沿って植えられたケヤキ並木は、夏の西日と日本海側からの強風を防ぎます。屋根は二重構造で

⑬―三居稲荷神社の大きな俵締め。

⑭―三居稲荷神社の全景。

倉庫内の熱を放出します。十二棟のうち一棟は「庄内米歴史資料館」として改装され、米に関する資料や農具、稲藁などを展示。それを見ていると、農家の暮らしがいかに米作り中心に営まれていたかが伝わってきます。

今でこそ山形は米どころとして知られますが、明治初期は反《たん》当たりの収穫量が全国平均を下回っていました。しかし昭和四〇年代には全国一位に躍進。そこに至るまでには米の品種改良のみならず、耕地整理や乾田馬耕(湿地を乾田に変え馬によって耕作する)の成功、山居倉庫のような貯蔵技術の向上など、さまざまな努力がありました。俵のしめかざりは、山形で生まれるべくして生まれたかたちです。

資料館を出ると、小さな神社を見つけました。そこに掛かっていたのが、探していた俵じめです[→⑬・⑭、→p.053]。この神社は三居稲荷神社といい、明治二六年の山居倉庫建設時に、山居稲荷神社と合祀して生まれました。

「庄内百万石」をイメージしているというこの俵じめの中央に巻かれた二本の細縄は、「右綯い」と「左綯い」が一つになった夫婦締め。垂れた房は縁起の良い総角結び。一口に俵のしめかざりと言っても、そのかたちや大きさ、作り方はさまざまです。しかしどの俵も、その膨らみの中に土地の歴史や作り手の気持ち、そして新年へのエネルギーを蓄えていました。

日も暮れてきて、そろそろ駅へ向かわなければならない時刻です。今日中に秋田に入り、明日からの二日間は秋田と青森を分刻みで移動します。その話はまたの機会に。

埼玉県

旧家の家長が代々受け継ぐ、あたりまえの「正月準備」

ふらりと立ち寄った展覧会で、型染め作家の大木夏子さんと出会いました。お互い一人っ子で歳が近いこともあり、すぐに意気投合。私がしめかざりのことを話すと、「うちの父も、しめかざりを作っているんですよ」と夏子さん。商売ではなく、自宅用に製作しているとのこと。「家の中に二、三種類飾っているし、庭にも何種類か。玄関もまた違うかたちだったかな…」

私はがぜん興味が湧き、どんなかたちで何種類あるのかなどを嬉々として尋ねたのですが、「ごめんなさい…。うちではあまりにもあたり前のことになっていて、細かく覚えてないの」

こうなったら取材に行くしかありません。二〇一五年の年明けすぐ、埼玉県児玉郡にある大木さんのご実家へ伺いました。

しめかざりを作り続けて半世紀以上

❶─右｜松久駅駅舎内のお習字。
❷─左｜のんびりとした「ひつじ」の字。

一月四日、快晴。朝十時五分、八高線松久駅に到着。東京の自宅からは約三時間の小旅行です。松久駅行きの電車は一時間に一本なので、絶対に乗り遅れてはいけないと朝から緊張していました。しかし、松久駅に着くと駅舎のあちこちに貼られた子どもたちによる元気いっぱいのお習字に迎えられ、一気に緊張がほぐれます［→①・②］。

駅から徒歩十分ほどで到着した大木家は、歴史を感じる風情あるお宅でした。竹林に囲まれ、庭にはたくさんの花木が植えられています。

家の中へお邪魔すると、ご家族三人が居間で待っていてくださいました。私が展覧会でお会いした夏子さん、お母さんのひろのさん、そしてしめかざりを作っておられるお父さんの英穂さんです。犬の「モグ」も、跳ねて、鳴いて、大歓迎してくれました。

半世紀以上しめかざりを作り続けている英穂さんは、ひょうひょうとした雰囲気で口数は少なめ。でも常に笑顔です。英穂さんがポツポツと発する言葉を、夏子さんとひろのさんが「ああだったよね、こうだったよね」と補足するかたちで、わいわい、ワンワン（モグ）と、話に花が咲きました。

最適な藁の入手とコンバイン問題

材料となる藁は、近所の農家から分けてもらっています［→③］。天日干しされた脱穀後の藁なので多少黄色くなっていますが、スーパーで見るような青刈りのし

❸－この田んぼから藁をいただいている。手前には藁が積んである。

めかざりとは違う、あたたかな雰囲気に仕上がります。

ちなみに「青刈り」とは、まだ稲が青々としている夏頃に刈り取った、しめかざり専用の藁です。お米を収穫しないため、別名「ミトラズ（実とらず）」とも。その青さがお正月にふさわしいからと好まれ、全国でさかんに作られるようになりました。しかし「トシガミ様に捧げるのだから、お米を収穫した後の藁でなければ意味がない」として、あえて脱穀後の藁を用いる職人さんも多くいます。

どちらにしても、しめかざり用の藁の入手は年々難しくなっています。その理由の一つは「コンバイン問題」です。最近のコンバイン（刈取り機）は、刈り取ると同時に藁を粉砕してしまうので、長い藁を得ることができません。そのため、自分で「手刈り」をする職人さんもいますが、高齢化が進んでいるため、いつまで続けられるかわかりません。じつは大木家にも田んぼがあり、昔は手刈りをしていたそうですが、今はコンバインに変わりました。

現在、大木家が藁を分けていただいている農家もコンバインを使っています。しかし、昔のコンバインは藁を根本から刈り取ることができるらしく、今でもあえて古い機種を使い続けています。

正月を彩る十一種五〇個のしめかざり

しめかざり作りを含む正月準備の仕事は、その家の年男（＝家長）が行うとされてきました。大木家の場合は英穂さんです。英穂さんは小学生の頃から、父や祖父が行う正月準備を傍らで見てきました。そのうち、しめかざりも見よう見真似で作るようになったそうです。

現在、英穂さんの正月仕事はだいたい三日間で行われます。藁の下ごしらえに一日、縄綯いに一日、御幣《ごへい》作りに一日。もちろん、この三日間以外にもこまかな作業があります。

また、縄綯いは庭で行うので、少しでも暖かい日を選んで作業します。

英穂さんの製作物の総数は約五〇個。親戚に渡す分も含まれますが、現代の個人宅としては多いほうです。その製作物の種類と飾る場所をリストにしてみました。カッコ内は製作個数です。

a―オカオカクシ［2］……玄関
b―コジコメ［18］……玄関・台所ほか
c―ゴボウジメ［2］……恵比寿大黒
d―形代［3］……井戸神・蔵の神・屋敷神
e―七五三縄［1］……風呂
f―氏神棚［1］……庭
g―猿田彦大神のしめ縄［1］……庭
h―玄関用しめ縄［1］……玄関
i―三宝荒神と正月様の飾り［1］……台所

j―輪飾り〔20〕……門松ほか
k―お稲荷様の飾り〔1〕……庭

ではこれらを個々に見てゆきましょう。

a・オカオカクシ――オカオカクシ〔↓④、↓p.102〕は、大木家の玄関に飾られている暖簾《のれん》状のしめかざりです。地域によってはオカオ「ガ」クシと発音します。漢字で書くと「お顔隠し」で、「神様の顔を直接見ることのないように」「内部があからさまに見えないように」などの意味があります。そのため、中央に大きな紙垂を付けるのが特長です。

オカオカクシは埼玉県のみならず、群馬県でもよく見られます〔↓p.101〕。ここ埼玉県児玉郡は群馬県と隣接しているので、文化が似ているのかもしれません。オカオカクシは家によってさまざまなかたちがあり、飾り方にも違いがあります。多くは神棚や正月棚に付けますが、大木家では昔から玄関に飾りました。大木家に残っていた大正時代ころの写真を見ると、玄関前に竹が鳥居のように組んであります。写真では良く見えませんが、その中央にオカオカクシを付けていたそうです〔↓⑤〕。

大木家のオカオカクシは、横軸となる藁から十二束の藁を垂らし、それを六束ずつ左右にまとめたもの。十二束は十二カ月、つまり一年をあらわします。いっけん同じように見える藁束ですが、じつはそれぞれ藁の本数が違います。よく見ると、「藁しべ七本」「藁しべ五本」「藁しべ三本」とでできています［図1］。古来「七、五、三」の奇数は吉数として重んじられ、しめ縄やしめかざりにはよく用いられる数字です。しかしこんな細部にまで「七、五、三」の数字が隠れていることに驚きました。すみずみまで手を抜かず、気持ちのこもったオカオカクシです。オカオカクシに付ける装飾は、三角に折った半紙、ミカン、松の枝。松の枝はミカンのおへそから吹き出すように刺してあり、実際に見るとかなりのインパクトです。

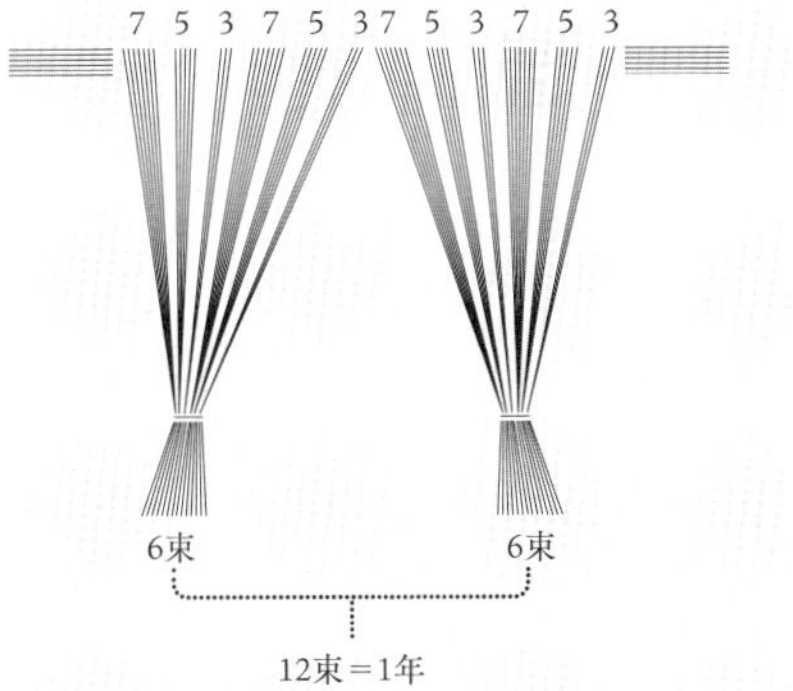

図1 ―上｜藁しべの本数
❹ **―中**｜玄関のオカオカクシ。上部に八垂れのしめ縄を付ける。
❺ **―下**｜大木家の大正時代ころの門飾り。竹を鳥居のように組んでいる。前から2列目の向かって左端に座っている男性が英穂さんの祖父、臺三郎さん。最後列右端に立っているのが父の善平さん。

b・コジコメ――コジコメ［↓⑥］は「小尻久米」と表記し、「小さい尻久米縄」を意味します。「尻久米縄」は記紀神話に登場する縄のことで、「しめ縄」の起源ともいわれます。つまりコジコメは、「小さいしめ縄」という意味です。

コジコメは藁束の上半分（もしくは三分の一）を綯い、縦にして飾ります。よく見ると、コジコメの綯い目から三本（または二本）の藁しべが飛び出しています［↓⑦］。その理由はわからないのですが、コジコメを横一文字に倒したとき、その三本の藁しべが下に垂れることから、古来の「しめ縄」のかたちをあらわしているのかもしれません。

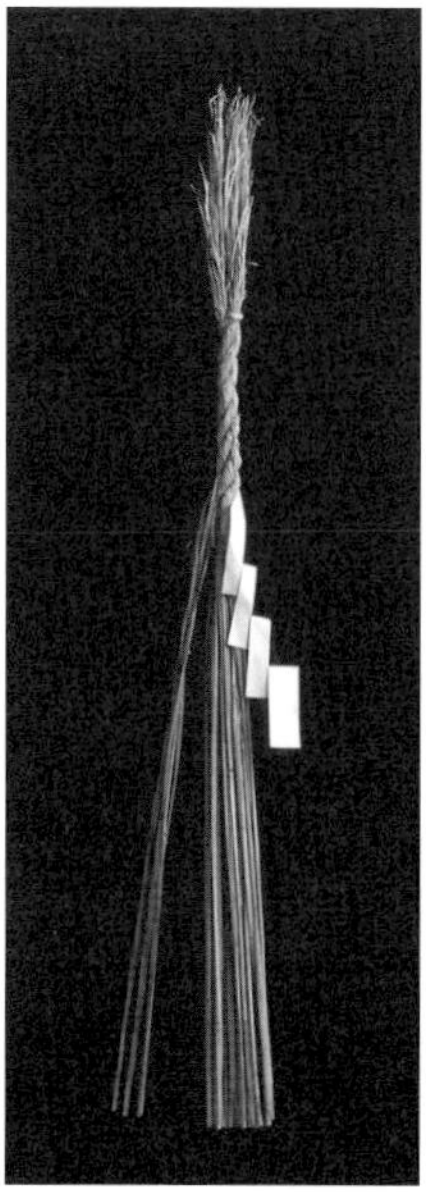

❻―**上右**｜コジコメ

❼―**上左**｜縄の途中から三本の藁が垂れている。

❽―**下**｜ミカンから吹き出すような松の枝。

大木家ではコジコメを玄関や台所に飾ります。玄関では、向かって左側に一本だけ飾り、門松のように両脇に飾ることはしません［→p.103］。装飾は紙垂とミカンと松の枝。松の枝は、オカオカクシと同様、ミカンから吹き出すように刺してあります［→⑧］。

c・ゴボウジメ――ゴボウジメは縄から下げた紙垂の枚数によって名称が変わり、「八垂れ」「四垂れ」「簡略四垂れ」の三種類があります［図2］。大木家では「八垂れ」をもっとも正式なかたちとして、恵比寿大黒の棚に飾ります［→⑨］。

d・形代――形代は、紙を切ったものを神社からもらいます。英穂さんはそこに竹

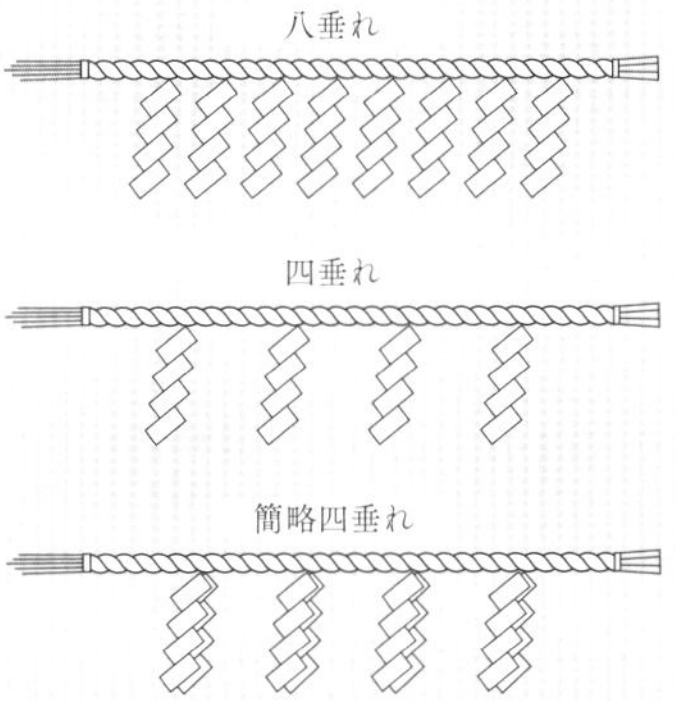

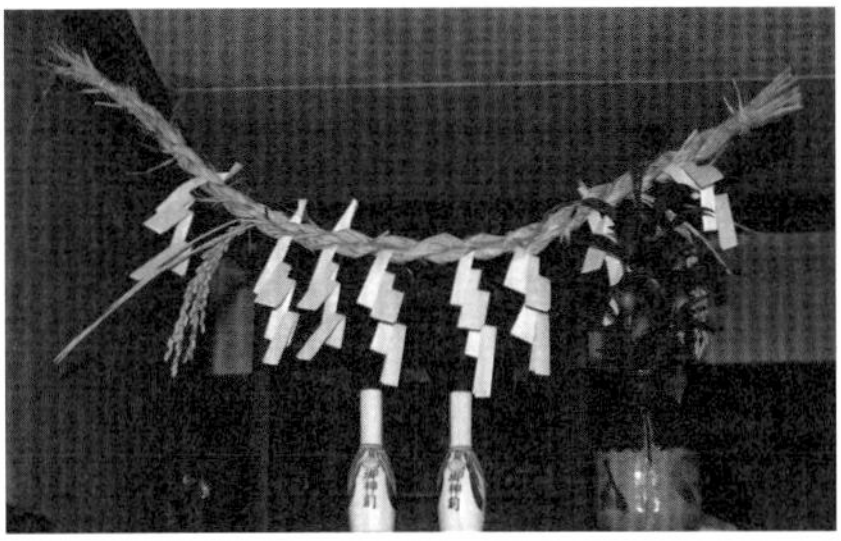

図2—**上**｜ゴボウジメの名称
⑨—**下**｜八垂れのゴボウジメ

を割った軸を差し込み、井戸神［→⑩］、蔵の神、屋敷神に付けてまわります。

e・七五三縄《しめなわ》——大木家では、お風呂に七五三縄を張ります［→⑪］。七五三縄は、細く綯った縄から藁しべを七本、五本、三本、と垂らしたもの［図3］。全国でよく見られる形状の縄ですが、藁の長さや全体のバランスは土地によってさまざまです。

昔は年末になると、餅つき用の米のとぎ汁をお風呂に入れて入浴しました。大木家でも三〇年くらい前まで行っていた風習です。ちなみに、このレトロなお風呂は隣町で棺桶を作っていたおじいさんに頼んだものだそうです。

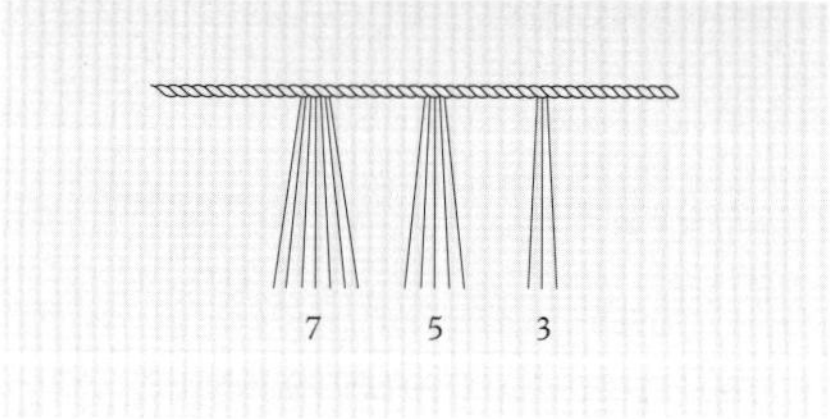

⑩—上｜井戸神に付けた形代

⑪—中｜お風呂の七五三縄

図3—下｜藁しべの本数

f・氏神棚――竹林の中に、大木家の氏神様を祀った氏神棚があります［↓⑫］。竹で骨格を作り、その上に稲藁を乗せています。竹を割ったり、斜めに切ったり、火で焙って折り曲げたりと、なかなか大変な作業です。もちろん英穂さんが一人で作っています。毎年十二月にある氏神まつりのときには、裏白の葉に赤飯を乗せて供えます。

g・猿田彦大神のしめ縄――猿田彦は記紀神話に出てくる神で、後世、庚申《こうしん》信仰や道祖《どうそ》神《しん》と結びつきました。大木家の裏庭にも猿田彦大神の石碑があります［↓⑬］。英穂さんは、猿田彦は戦いの神だといいます。ゆえに猿田彦大神のしめ縄は、両

⑫―上｜竹林の中の氏神棚

⑬―下｜猿田彦大神の石碑。結んだ藁の先が上下に分かれている。

端が上下に分かれる「タテ結び」にし、兜《かぶと》をイメージしています。

h・玄関用しめ縄——細縄に「八垂れ」の紙垂を付けたもの。オカオカクシの上に付けます［→④］。

i・三宝荒神と正月様の飾り——一般的に、三宝荒神と正月様はべつべつに祀りますが、大木家では一緒にしています。藁を俵型にして御幣を立てます［→⑭］。三宝荒神はかまどの神、お正月様は新しい年に福を呼び込むトシガミ様です。昔は大木家でも正月棚（正月様を祀る専用の棚）を作り、恵方に向けて吊るしていました。

j・輪飾り——二〇本製作し、門松やさまざまな場所に付けます［→⑮・⑯］。門松

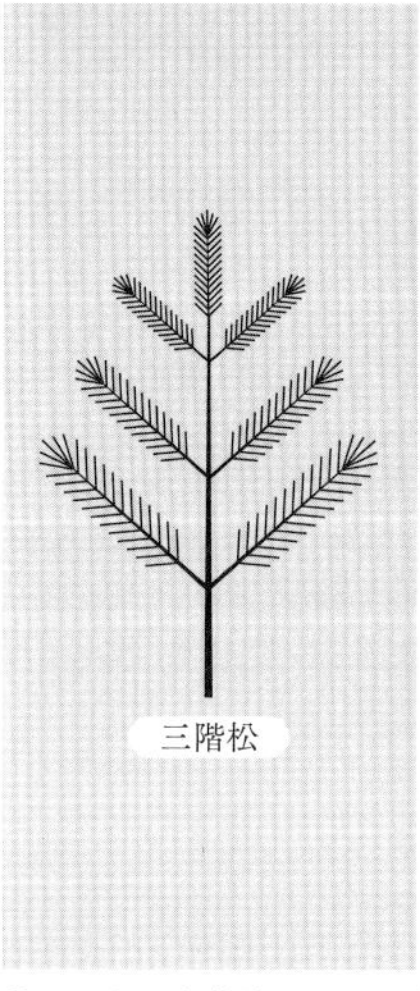

⑭ —上｜三宝荒神と正月様の飾り
⑮ —中｜大木家の門松
⑯ —下右｜門松に付いた輪飾り
図4—下左｜門松用の三階松

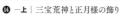

用の松を準備することを「御松迎え」といい、大木家では十二月二七日にその年の恵方の山から伐り出します。松は枝が三層に分かれた「三階松」を用います［図4］。

k・お稲荷様の飾り――［→⑰］裏庭にはお稲荷様の祠《ほこら》があります。そこには英穂さんが切った御幣を三本立て、八垂れのしめ縄を張ります。

ルールを超えた右綯いのしめかざり

これらの製作物を見ていて、一つ気になることがありました。しめかざりの縄は本来、「左綯い」で作るのが正式とされるのですが、大木家のものはすべて「右綯い」なのです［図5］。聞くと、「左綯いでは縄がキッチリと綯えない」とのこと。たしかに、右利きの人が左綯いをするのは技術的に少し難しいのです。そこで英穂さんは、「ルール（左綯い）」より「美しさ（右綯い）」を優先させました。美しいしめかざりでトシガミ様に喜んでいただくために。

これが「家で作るしめかざり」の良さなのかもしれません。自分の家にいちばんふさわしいものを、自分で考えて作る。それはルールを無視することとは違います。英穂さんの右綯いのしめかざりには、ルールを超えた優しさがありました。

個人宅に一五〇年余続く正月準備

これだけの種類と個数を毎年一人で作ることは、想像以上に大変な作業だと思います。しかし、これまで続けることができたのはなぜでしょう。

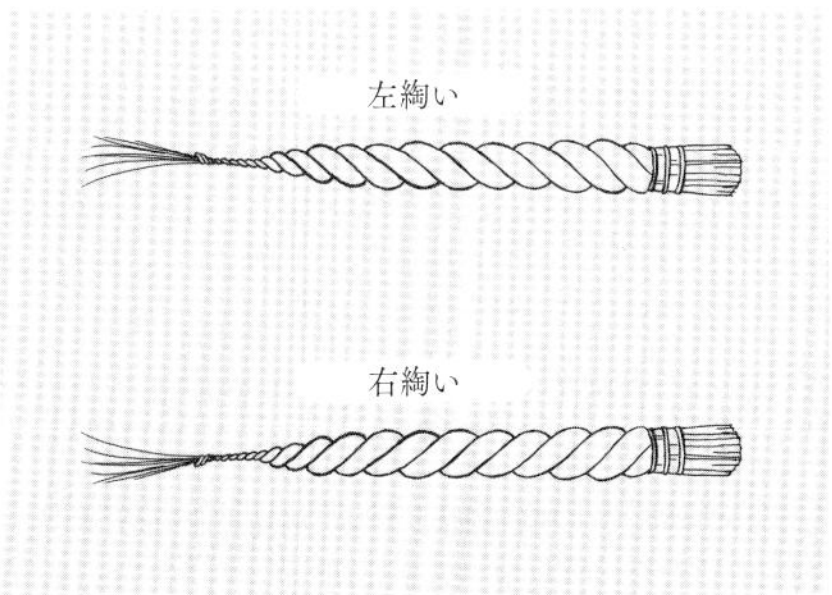

⑰―右｜お稲荷様の飾り
図5―左｜綯い

「お飾りを作ることで、自分自身の気持ちに区切りをつけているように思う」と英穂さん。しめかざりは、完成させること以上に、製作しているその「時間」が重要なのかもしれません。今年の藁に触り、その香りや感触を確認しながら一年を振りかえる。そして縄を綯いながら無心になり、完成したときには清々しい気持ちで新年を迎える。「正月準備」は、心の準備なのでしょう。

大木家のしめかざりがいつからあったのかはわかりません。ただ、少なくとも夏子さんの高祖父（一八四八年生まれ）は作っていたそうです。ざっと考えても一五〇年は続いているのではないでしょうか。商店や旅館ならまだしも、個人宅でこんなにも長いあいだ継承されてきたことは、奇跡に近い出来事です。

今後について英穂さんは、「自分でできる限りは続けたい。後継者については本人次第」と言います。夏子さんが継ぐかどうかはわかりませんが、この探訪記自体が彼女のプレッシャーになってしまうことは必至。ごめんなさい。

ただ、現代においては、継承者は家族でなくても良いと思います。親戚の子でも、近所の子でも。もしくは、映像にしておくのも一つのアイデアです。とにかく、「残す」ことが大事。そうすれば、未来に何かが起こるかもしれません。

冒頭の展覧会場で夏子さんは、「うちではあまりにもあたり前のことになっていて…」と言っていました。その奇跡の「あたり前」が、今後も続くことを心から祈っています。

香川県

漁網を持つ手で稲藁を綯い 大漁と安全の願いをこめる

❶—伊吹島の漁師、伊瀬さん作の「懸の魚」。白い紐で結んだ部分は、本来は半紙を巻いて水引を結ぶ。また、昔は藁の裏側に、向かい合った二匹の鯛を付けた。

幻のしめかざりに逢える島へ

瀬戸内海に浮かぶ「伊吹島《いぶきじま》」には、幻のしめかざりがあります。それは「懸《かけ》の魚《いお》」［→①、→p.083］といい、島の漁師が床の間などに飾るものです。「懸の魚」は全国で見られる正月飾りですが、伊吹島のものは独特なかたちをしています。いつか実物を見たいと思いながらも、近年では作り手もいないと聞き、半ば諦めていました。

しかし、二〇一五年師走のこと。突然、伊吹島の「懸の魚」が、私のもとに舞い込んできました！　四国新聞の記者である村川信佐さんが、伊吹島の取材を通じて制作者から譲り受けた「懸の魚」を、私に寄贈してくださったのです。村川さんは、「懸の魚」の製作者がまだ伊吹島にいらっしゃること、しかし三年前に作るのをやめてしまったことなどを教えてくれました。

その後、製作者のかたに連絡をとり、翌年、満を持して島に向かいました。

伊吹島の網元を訪ねる

二〇一六年十二月十四日、朝七時五〇分、小雨。

少し寒い観音寺港から定期船に乗り、伊吹島に向かいます。伊吹島は周囲五・四キロメートルの小さな島。そこには古式ゆかしい神事や、平安時代のアクセントが残る古い方言などもあり、歴史の深さを感じます。

しかし、伊吹島でいちばん有名なのは「イリコ」。良質なイリコの生産が盛んで、イリコ漁が行われる六月から八月は、島が活気にあふれるそうです［→②］。

今回私がお会いしたのは、長年伊吹島で網元をされている伊瀬家の現当主、伊瀬耕二さん。生粋の漁師です。伊瀬さんとはこれまでに何度か電話でやりとりをしてきたのですが、じつは私、その「漁師言葉」の強さに驚き、いつも受話器を二〇センチほど遠ざけていました。なぜか怒られている気分になり、電話の前でペコペコと頭を下げていたのです。しかし、港へ迎えに来てくれた伊瀬さんは、私が挨拶をするとすぐに自動販売機へ向かい「何が飲みたい？」と聞いてくれました。伊瀬さんの語気は電話のときと変わらないのですが、印象はまったく違います。やはり直に会うことは大事です。

そして、今回の訪問の影の功労者、三好兼光さんも同行してくださいました。三好さんは伊吹島の海上タクシーを運営しているのですが、その忙しい中、何度も

❷―伊吹島の冬の港。手前（陸側）の船が漁船。奥の船が運搬船。夏は大忙しになるという。

私と伊瀬さんの橋渡しをしてくれました。また、「伊吹島研究会」会長でもあり、伊吹島の文化に精通しています。「三好さんはまじめだからの。信用できるのは三好さんだけじゃ」というフレーズを、伊瀬さんから何度聞いたことでしょう。

漁師が話す「懸の魚」のこと

伊瀬さんは、私たちを海辺の加工場の住居ではなく、丘の家（本宅）へ案内しました。築百年にもなるお屋敷で、昔は使用人もいたとのこと。現在ここに人は住んでいませんが、大きな「懸の魚」が飾ってあるそうです。

座敷へ入ると、床の間の柱に掛けられた「懸の魚」が目に飛び込んできました［→③］。これは七年前に伊瀬さんが製作したものです。「懸の魚」の下には「ヨベッサン」「リョウスケサン」という人形が置かれ、これは漁の神様といわれています。

それからの一時間、伊瀬さんは、強く、速く、勢いのある言葉で、いろいろなこ

❸―床の間の柱に「懸の魚」を飾る。写真の人形は「リョウスケサン」という漁の神様。

とを教えてくれました。自分のこと、父親のこと、「懸の魚」のこと。
しかし私は、話の内容以上に伊瀬さんの言葉のリズムに聞き惚れていたのです。話し方から感じる漁師の「強さ」。それが、あの野性味溢れる「懸の魚」を生み出したような気がします。
声を紙面で表現することはできませんが、せめて伊瀬さんの話し言葉で、「懸の魚」をお伝えします。

これ（懸の魚）作るの、ホンマにえらい（大変な）んやで！　一日十六時間で十日かかる。ほかのおしめさん（「懸の魚」以外のしめかざり）入れたら四〇日じゃ。かなわんわ、ホンマに。でもキレイやろ。うちのがいちばんキレイやろ。けどもう作れん。藁がないんじゃやけ。伊吹は米を作らんからな。昔は三豊のばあちゃんが藁を送ってくれとった。長くていい藁じゃったけん、大きな「懸の魚」ができたけど今は無理じゃ。

これ（懸の魚）は床の間に一年中飾る。年末に座敷で大漁祈願の前祝いをするけん、そのまま掛けておく。おしめさんは三日で下ろすけど、「懸の魚」はずっと飾るから、作っても値打ちがあるわ。ホントはこれ（懸の魚）に干した鯛を二匹付けるんじゃやけどな、うちでは昔からあまり付けけん。伊吹はいまはイリコじゃやけどな、もともとは鯛網漁じゃ。伊吹は鯛。戦前は鯛じゃ。

❹―「懸の魚」にかける海水を汲むための「潮桶」。

「懸の魚」とおしめさんには海の水をかける。専用の潮桶《ショオケ》［→④］に海水を汲んでくるのは子供の役目やな。港の堤防の先が一番清い水で、ここからとる。家に着いたらおやじが受け取って、パッパッと「懸の魚」にかけとったわ。でも昔は「懸の魚」自体を海にザブンと漬けとった。そんで乾かしてから飾ったんよ。でも最近は誰もしよらん。大層やけん。でもホントはこういう飾りものは神聖じゃ。伊吹は漁が生活を左右しとるからな。「懸の魚」は神棚［→⑤、→p.085］のと台所［→⑥、→p.084］のを二つ組み合せて作る。かたちの意味？ わからんけど、たぶん「人形さん」よ！ 「懸の魚」

❺—上｜神棚に飾ったしめかざり。これは「懸の魚」のパーツになる。

❻—下｜台所の「荒神サン」に飾ったしめかざり。神棚と台所のものを合体させて、床の間の「懸の魚」を作る。

は右綯いと左綯いでできとるやろ。これも「めおと」の意味じゃ。おれは小学校六年のときから藁綯いをしてる。「懸の魚」はおやじから教わったけど、作るのはいつもおれ。おれなんか四〇日かけて作っとんのに、おやじなんか半紙巻いたり水引つけたり、そんなんを一日するだけじゃ。ホンマ、かなわんで！　おやじが誰から「懸の魚」を教わったんかは知らん。でも、おれのじいちゃんは作ってなかったんじゃないか。うちのじいちゃんはホンマの親方よ。あの人はホンマの親方。わしは一番のヘタレじゃ。親にはよう怒られた。厳しかった。おやじはまじめだった。ギャンブルせん、たばこ、酒、女遊びせん。せやけどな、おれは品行方正じゃアカンと思う。まじめやったらアカン。そんなんで漁師はできん。すべて知ったうえでまじめがいい。なんでもやっとかんと、その人の気持ちはわからん。だからおれは、子供らには「なんでもせんといかん」と教えて育てとる。キチキチしよったらな、人間、細《こまぁ》なる。だからうちの子らはみんな伸び伸びしよる。そうやって育てたら心が大きなる。人の気持ちがわかる。なんでもせんといかんのや。

「まじめやったらアカン」と言いながら、伊瀬さんがいちばん信頼しているのは、「まじめすぎるほどまじめ」な三好さん。最初は不思議なコンビだと思いましたが、結局のところ伊瀬さんも「まじめ」な人。誰も住まなくなった丘の家に通い、毎日お線香を上げています。

漁師の魂を引き継ごう

問題は今後のこと。

伊吹島では伊瀬さんが最後の作り手といわれています。しかし、島内にはその事実すら知らない人が多くいるそうです。伊吹島の「懸の魚」は、このまま消え去るのでしょうか？

「息子に教えにゃと思うけど、息子は縄も綯えんのに、無理じゃ。おれはもう、こんなもん（懸の魚）要らんと思う。ホンマにえらいんじゃで。これ作り出したら、ひと月は他の仕事がなんにもできん」

たしかに現代生活の中では、こんなに手間のかかる「懸の魚」を作ることは難しいのかもしれません。ましてや伊吹島には藁がなく、島外のサポートも必要となります。漁師さんは、全国どの土地でも、本当に信仰心が厚い。「板子一枚、下は地獄」といわれる危険な海の上で、日々命をかけているからでしょう。

伊吹島の漁師の心をかたちにした「懸の魚」。地元に、バトンを受け取る若者はいないのでしょうか。［↓⑦］

❼—「懸の魚」の前で。向かって左が伊瀬耕二さん。右が三好兼光さん。

福岡県
島の鶴、街の鶴
自在に舞い、南の土地を寿ぐ

❶―能古島遠景

二〇〇九年は福岡県を探訪しました。東京〜能古島〜博多〜直方〜木屋瀬〜小倉、というルート。九州には「鶴」のしめかざりが多いので、そのかたちを比較するのが目的です［→p.032］。

舞い飛ぶ島の鶴

十二月二七日、晴れ。

朝九時十五分、福岡空港着。福岡の街は想像以上の暖かさでした。これまでに東北などで雪中行軍をしてきた私は、日本の正月が地域によってこんなにも違うのかと再認識。人々の正月に対する意識や信仰心も、気候の違いで異なるのかもしれません。

そんなことを考えながら、まずフェリーで向かったのは能古島《のこのしま》［→①］。博多湾に浮かぶ島で、奈良時代には防人《さきもり》が置かれていました。

十五分ほどで着いたその島は、師走の喧噪を忘れる静けさ。伊吹島のような「漁師の島」ではなく、公園や散策路が整備された「自然を楽しむ島」です。低い山々と広い道の開放感を味わいながら、目的地の「のこのこ市」へ向かいます。朝八時半からしめかざりの販売があると聞いていたので、早朝に東京を発ち、午前十時には島へ到着しました。しかし、私は甘かったのです。すでに「市」は終了し、すべて撤収されていました。

ガランとした跡地に立ち尽くす私を見て、地元のその女性はすべてを察したのでしょう。「何が欲しかったの？」と話しかけてきてくれました。しめかざりを…と小声で言うと、その女性は「あるわよ！　しめかざりだけ残ってるの！」と、箱に詰まったしめかざりを出してきてくれました。

それはやはり、「鶴」のかたちのしめかざりです［→②・③、→p.039］。青竹を横軸に、藁で作った翼を広げています。中央に裏白と譲葉と橙。その女性のお仲間も集まって、いろいろなことを教えてくれました。

これは玄関に飾るもの。早良《さわら》区の農家で作り、裏白と譲葉も早良区で採取したもの。橙の付け方はいまは水引だが、昔は竹串を刺していた。この島で長くしめかざりを作っていた人が体を壊して作れなくなってしまった…等々。

インターネットでいくらでも情報収集できる時代ですが、やはりその土地の空気を吸いながら聞く話には奥行きがあります。彼らは「商品説明」をしているのではなく、「誇り」を語っているのです。

❷一上｜「のこのこ市」で販売されていたしめかざり。
❸一下｜装飾を取ったところ。鶴の羽が左右六束ずつで作られている。合計十二束で「一年」をあらわす。

ありがたく「鶴」を一つ購入し、次の場所へ向かいました。

十二束の羽をまとう街の鶴

十二月二八日、晴れ。

直方《のおがた》市のビジネスホテルで目覚め、窓を開けると一面の畑。これはなかなか気持ちがいい。都心のビジネスホテルでは隣のビルの壁が見えるだけです。ここ直方市感田《がんだ》地区は、いまでこそ宅地化が進んでいますが、昔は豊かな農村地帯だったそうです。

この日の目的は、直方で有名な「びっくり市」。開催は週末のみですが、規模が大きく、しめかざりも販売しているとのこと。ビジネスホテルから徒歩三〇分。巨大な体育館のような建物です。中に入ると、精肉、青果、日用品などが溢れ、ちょっとした食堂もあります。

建物を抜けた先、駐車場のスペースにしめかざりの露店はありました［→④・⑤］。おそらく「農家」単位で、十店舗ほど。どの店も「丸い鶴」のしめかざりを販売していますが、少しずつかたちや装飾が異なります。その土地のかたちを踏襲しながらも、「ウチはもっとキレイに、もっとカッコよく」と、微調整しながら競い合っている感じが、私には嬉しく楽しい。中には、鶴の羽に小さな藁の「亀」を付けたものも［→⑥］。その店主の女性に話を伺いました。

たくさん並んだしめかざりは、すべて自分（その女性店主。推定六〇歳台）と旦那で作っている。感田ではもう、ウチくらいしかしめかざりを作っていないと思う。だから「びっくり市」に出店している他のしめかざり店は、別の地域から来ている。ウチの家が作り始めたのはそんなに古くない。おそらく戦後くらいから。藁は、収穫時期を早めにして青味を残している。藁をすぐって（選別して）ミゴにするから手間が大変。でもそうしないと「鶴」の羽は作れない。鶴の羽は十二束にして「一年」をあらわしている。「亀」の上に付いた小さな牛蒡じめは、「海老」を象っている。赤い実は「モチの実」にしている。南天だと実の付きが悪く、すぐに落ちるから。

…日本中、どの土地でも作り手、売り手の方々の話は面白い。

❹—「びっくり市」の駐車場にしめかざりの露店はある。

❺—鶴のしめかざりには大、中、小がある。

❻—鶴のしめかざり。亀の上の小さな牛蒡じめは海老を象っている。海老のとなりに見えるのがモチの実。

しめかざりが「こだわり」の塊であることを教えてくれます。それを知ることは、「正月とはそもそも何だったのか」を考えるきっかけにもなります。

では、私はもう少しだけ「しめかざり探訪」を続けてみます。

気が向いたら、みなさんも自宅の近所や、旅行のついでに探訪してみませんか。

正月の街は、入場無料の「しめかざり博物館」です。

三

しめかざりを知る

構造

綯い、作り、飾る……藁の縄目に思いを込めて

しめかざりの五型

一章でも触れましたが、しめかざりのかたちには、五つの傾向があります。「牛《ご》蒡《ぼう》じめ」系、「大根じめ」系、「玉飾り」系、「輪飾り」系、「前垂《まえだ》れ」系です［図1］。複雑なかたちに見えるしめかざりでも、その基本構造を見てみると、ほとんどがこの五つのいずれかに分類されます。（この分類法は民俗学的に定まったものではなく、先行研究をふまえ現時点でもっとも適当と思われるものを採用しました。）

1・「牛蒡じめ」系——牛蒡じめは全国に広く分布しています。ゆえに形状も名称も土地により少しずつ異なりますが、しめかざりの中ではもっともポピュラーなものです。

牛蒡じめは、一定の太さで一文字に綯《な》ったかたちです［↓①］。太いものは芯に藁

❶—東京都江戸川区　神棚の牛蒡じめ

を詰めて綯いますが、細いものは芯を入れず、「ホソ」「ホソジメ」「ウナギ」「ヨウジ」などと呼ばれて小祠《しょうし》などに飾ります。

牛蒡じめには「波」と「オトシ」があります〔図1〕。「波」を揃えるには高い技術が必要。藁を途中で継ぎ足しながら綯い進めるので、その足し加減を間違えると波が凸凹になってしまうのです。職人さんは手のひらの感覚だけで必要な量の藁を取り、継ぎ足したとは思えないほどなめらかに「波」を作っていきます。完成した牛蒡じめは、せっかくの「波」が潰れないよう、立てて保管します。

「オトシ」とは、縄が急に細くなった部分のこと。職人さんは、太い「波」の部分

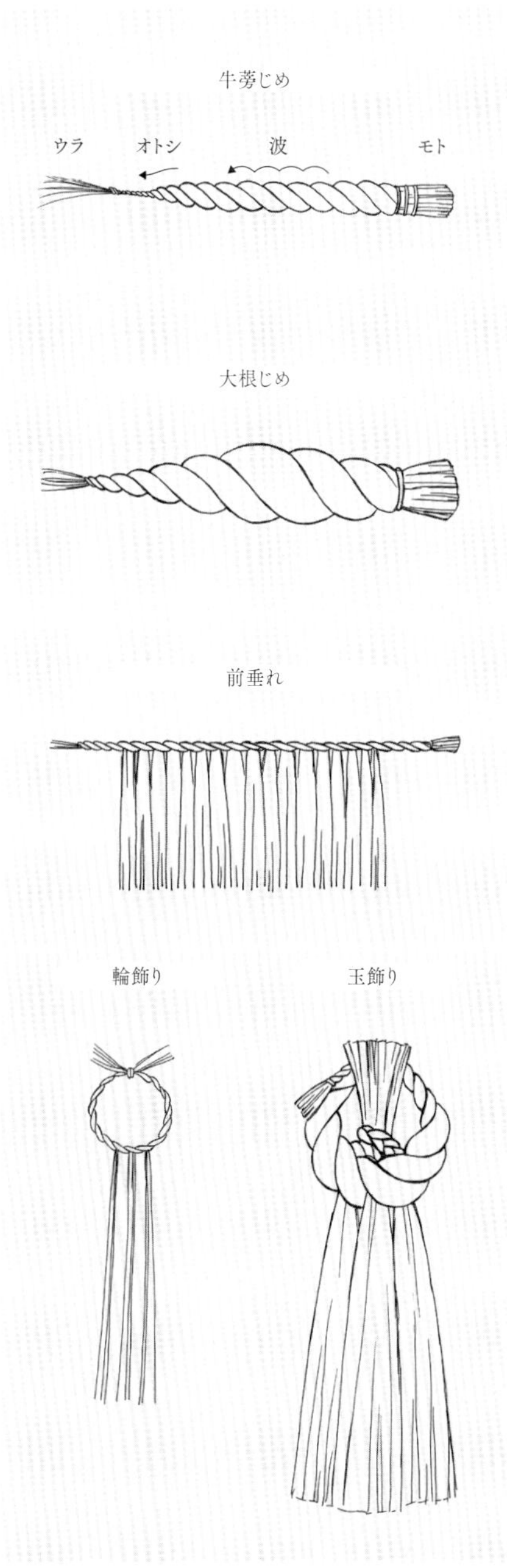

図1｜しめかざり五型

ではなく、この細い「オトシ」を綯うときのほうが力が要ると言います。縄が細いと体重をかけにくいためでしょう。ここで力を抜くとオトシがゆるみ、牛蒡じめの中心からずれてしまいます。正直なところ、その「ずれ」に気づく消費者はほとんどいないと思われますが、職人さんがきちんと作ってくれているおかげで、私たちはトシガミ様に礼を欠かずに済んでいるのかもしれません。

私は牛蒡じめの製作に立会って、このシンプルなかたちに込められた、さまざまな技術と気づかいに驚きました。職人さん曰く「牛蒡じめはごまかしがきかないんです。玉飾りなどはいっぱいいきもの（橙、扇、ウラジロなどの装飾のこと）を着せてあげるから肝心の台（藁部分）が悪くても、ごまかそうと思えばごまかせます。でも牛蒡じめは最初から最後まで裸だから、『波』の粗さや『オトシ』の悪さがすぐ目につく。こういう際物《きわもの》は、時間がない中で作り上げなければならないので、市場には粗悪品も出てきます。でもだからこそ自分は一本一本、心《しん》を入れて作らなければと思うんです」

しめかざりの中ではいちばん単純なかたちに見えてしまう「牛蒡じめ」ですが、本当に美しく作ろうとすると、じつはもっとも難しく気づかいの必要なかたちでした。

牛蒡じめの多くは紙垂《しで》や藁束を下げて神棚や玄関に飾ります。それらの装飾は「雲、雨、雷」を意味するともいわれます［図2］。牛蒡じめが雲、藁が雨、紙垂が雷。雷は稲の実る時期に多いことから、「稲妻」として神聖視されました。

2・「大根じめ」系——大根じめは、牛蒡じめの中央を太くしたもの。太い部分には藁のアンコが入っています。そのままのかたちで飾ることもありますが、藁のサゲを垂らしたり［→p.113］、舟形に曲げて「宝船」とするなど［→p.047］、応用範囲の広いかたちです。大根じめを湾曲させたものを「荒神飾り」と呼び、台所の荒神様に飾ることは全国的に広く行われています［→②］。

また、大根じめの両端を細く長く綯ったものを「両じめ」「両端じめ」などと呼ぶこともあります。通常は両端を広げて玄関や神棚に張りますが［→③］、丸めて「輪」のかたちにすることもあります［→p.048］。

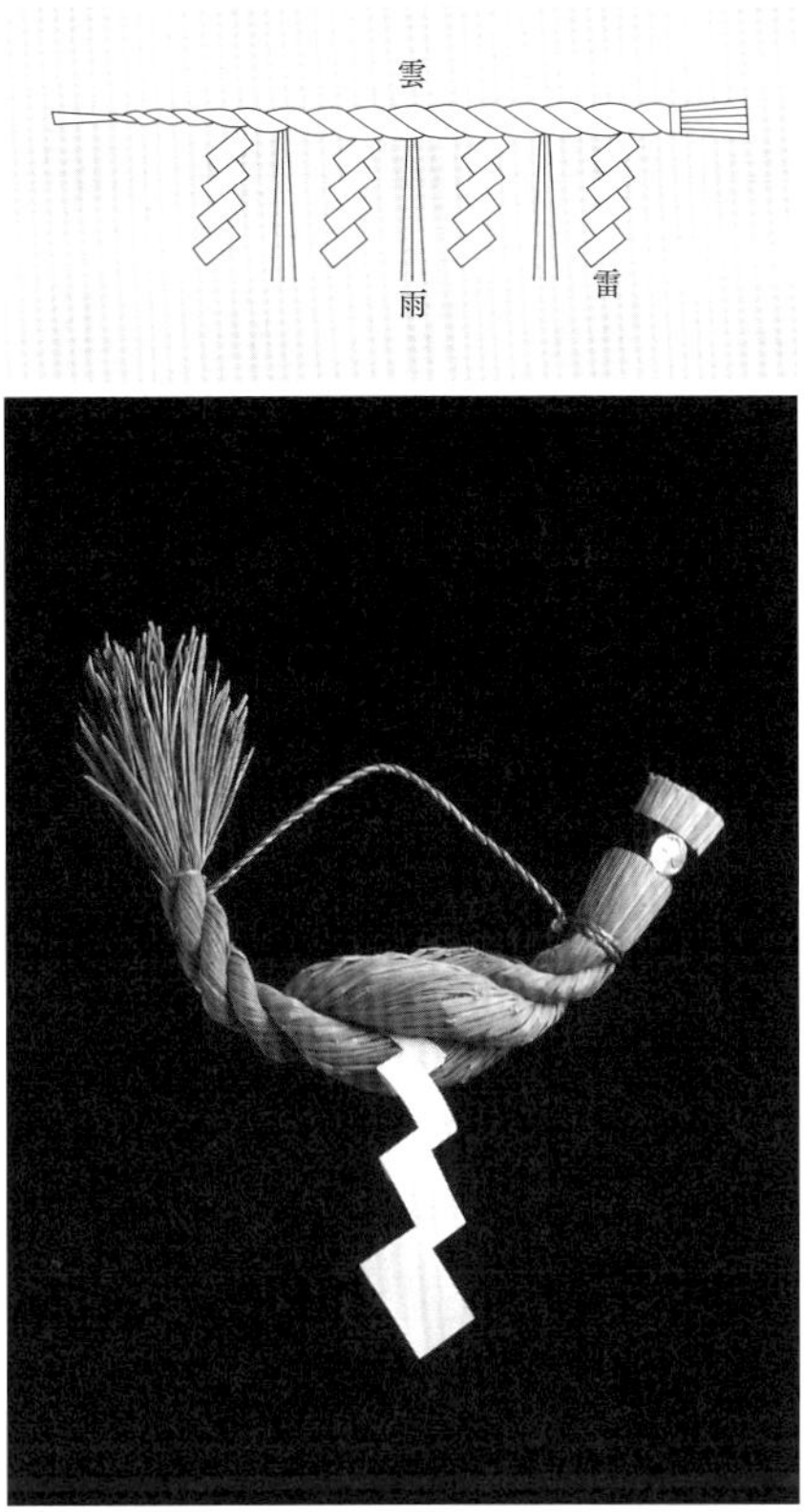

図2—上｜牛蒡じめの姿を「雲、雨、雷」に見立てる
❷—下｜静岡県焼津市　荒神様用のしめかざり

3・「玉飾り」系——玉飾りは、藁縄を「輪」にしたかたちです。しかし土台の藁縄の太さやアンコの有無によって、完成した時の形状は異なります。大雑把に言えば、関東より西の玉飾りは太く、北では細い。「輪」の数も西へいくほど二連、三連と増えていく、というのが私がこれまで見てきた印象です［↓④・⑤］。玉飾りの多くは藁の「サゲ」を垂らし、玄関に飾ります。

4・「輪飾り」系——輪飾りは細く綯った縄を小さく丸めたもの。藁しべを二筋か三筋垂らすのが一般的です。水回りや勝手口に飾ることが多いのですが、汎用性が高いため、屋内外のさまざまな場所に用います。

❸ー右｜秋田県仙北市　玄関に張られた両じめ
❹ー中｜秋田県秋田市　「輪」が細い玉飾り系
❺ー左｜島根県益田市　「輪」が太く、三連の玉飾り系

輪飾りには「リンボウ」と「ジョウワ」の二種類があり、リンボウは輪の部分を綯ったもの、ジョウワは三つ編みにしたものです［→p.124］。職人さん曰く「縄を綯うには多少技術が必要だが、三つ編みなら比較的簡単に作ることができるので普及したんじゃないか」。しかし現在では三つ編みの方がボリューム感が出て豪華に見えるとして、わざわざこちらを注文する人も多いそうです。

東京人形町の露店で販売していた輪飾りには、人形《ひとがた》の紙垂が付いています［→⑥］。販売していた鳶《とび》の人は、その紙垂を「にんぎょうさん」と呼び、「ちゃんと見張っているよ、という意味だから、大事なところならどこに飾ってもいい」と教えてくれました。

5・「前垂れ」系――前垂れは、藁をのれん状に垂らしたかたちで、玄関や神棚に飾ります［→p.116］。商店や旅館などでは、その間口に合わせた大きさで特注することもあります。

前垂れの横軸には竹や木が入っている場合が多く、藁はその軸に巻き付けるように垂らしていきます［→p.118］。しかし軸の入っていない前垂れは、細縄に藁しべをいっしょに綯い込んだり［→p.117・下］、別口で作った細い牛蒡じめを垂らすなど［→p.105］、さまざまな形状があります。

垂らす藁の本数に意味があることも多く、よく見ると「七、五、三」の吉数になっていたり、「六・六」「十二」など一年（十二カ月）をあらわす数になっているものもあります。

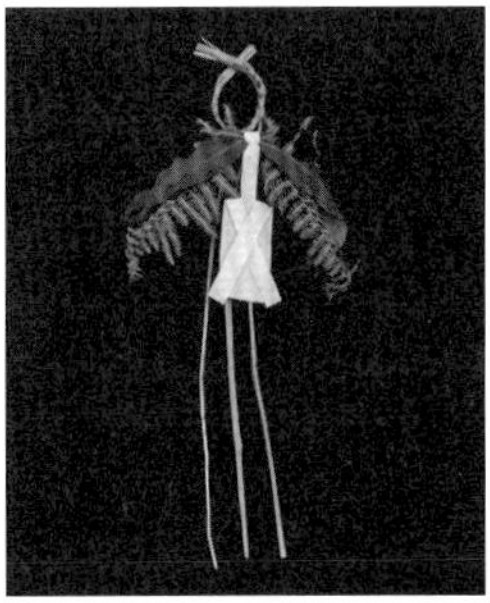
❻―東京都中央区
輪飾りに人形の紙垂が付いている。

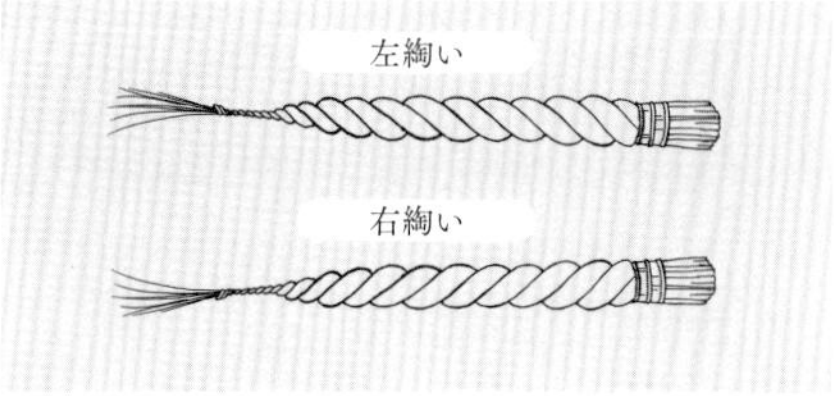

図3｜藁の綯いかた二種

左綯い·右綯いの習俗

藁を綯う方法には「右綯い」と「左綯い」があります［図3］。昔は、普段の生活で使用する日用品の縄は右綯い、神事に用いるしめ縄は左綯いとされました。しめ縄は神聖なものであるため、日常に使う縄とは区別する意図があったようです。現在では日用品の縄は左右どちらもありますが、しめ縄やしめかざりは原則的に左綯いです。

右綯いと左綯いが区別される背景には、人間の身体性も関係します。それは、多くの人が右利きだということ。一般的に、右利きの人にとって右綯いは容易な作業であり、左綯いは困難だといわれます。つまり、日常で大量に生産・消費する日用品の縄は、右綯いにしたほうが効率的でした。

また、右利きの人が左綯いをすると、やりづらいので作業が丁寧かつ慎重になります。すると、結果的に強く固い縄ができ、左綯いの縄は右綯いより強度が出るともいわれました。そのため、日用品の中でもわらじの鼻緒だけは左綯いにするそうです。

もともと日本では「右＝俗、左＝聖」とする考え方があり、精霊を迎える盆踊りが左回りであることや、死者の着物を左前にすることはご存知でしょう。あまり知られていないところでは、能楽にも「左右」という型があり、まず左を袚って、次に右を袚います。これも「左」を優位にした考え方です。

しかし地域によっては右綯いのしめ縄やしめかざりがあります。その理由を聞いても「昔からこうだった」という回答が多く、意図的なのかどうかはわかりません。

「モト」と「ウラ」の飾りかた

縄には、「モト」と「ウラ」があります〔図1〕。「モト」とは、藁の根本のほう、つまり「綯い始め」の部分です。「ウラ」は藁の先端、穂先のこと。一般的に、牛蒡じめや大根じめを飾るときは、神棚に向かって右側にモトがくるよう取り付けます〔→①〕。それは、神様から見たときに、向かって左にモトがくるようにするためです。

しかし例外も多くあります。中でも多いのは「モトを東に向ける」というもの。理由は定かではありませんが、神棚に祀られた天照大神は太陽神とされるため、日出《ひい》ずる方向を優位にと考えたのかもしれません。また、ある家では神棚の右側に座敷があるため、モトを左に飾っていました。座敷は神を迎える場所なので、「神様（座敷側）にお尻（モト）は向けられない」とのことです。

しめかざりは、土地の風習だけでなく、その家独自の決まりによって、さまざまな考え方や飾り方があります。

三ツ縄の三の「強さ」に願いを託す

しめかざりの縄目をよく見ると、「二本」で綯われているものと、「三本」で綯われているものがあります。輪飾りのような細いものは二本ですが、しめかざりの多くは三本で綯われています［図４］。

作り方を簡単に説明すると、まず藁束をモトで結束し、その藁束を三等分します。それぞれに「右撚《よ》り」をかけ、それらを「左綯い」にすれば三本で綯ったしめ縄ができます［図５］。細いものならば比較的簡単にできますが、太いもの、特に藁のアンコが入ったものなどは体全体を使って作るので、体力と熟練の技が必要です。職人さんは、「ハァ、ハァ」と息を切らしながら作っていました。

このような三本で綯った縄は、「三ツ縄」として日常に使われることもあります。農具の一つである馬鍬（牛や馬に引かせて田んぼを掻きならす道具）や家屋の移動に用いる引綱など、強度が必要な場合は三ツ縄にすることが多かったようです。

しかし、たいして強度を必要としない「しめかざり」に、なぜ三ツ縄が用いられたのでしょう。ある職人さんは「これは『天人地』をあらわしている。最初は天と地の二本で綯い、次に天と地の間に人を綯い込む」といいます。通常、古代中国の思想「三才」では「天地人」という順番ですが、職人さんは天と地の間に人が入るから「人間」になると説明してくれました。興味深い解釈ですが、これは一説にすぎません。しかし、少なくとも「三」という数字には意味があるように思います。しめかざりでは「七五三」という奇数は吉数としてよく用いられるからです。

また、これは私見ですが、三ツ縄の「強度」は、作り手の「思いの強さ」にも繋がるような気がします。実際に見るとわかるのですが、二本で綯った縄は見た目も

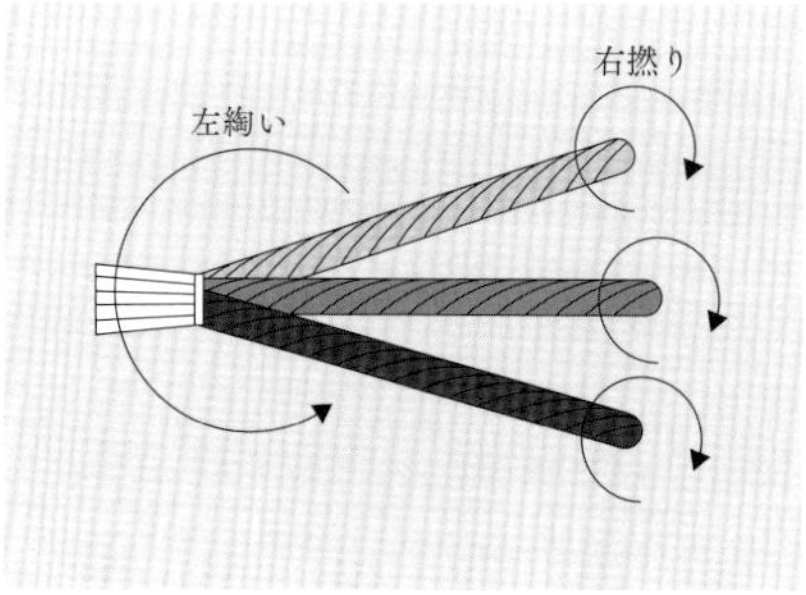

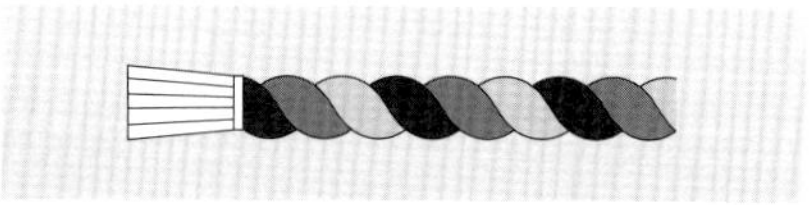

図4－右｜三本で綯われたしめかざりの縄目

図5－左｜しめかざりの作り方

触り心地も緩く、心もとない感じです。それでは神様に申し訳ないという気持ちが、三ツ縄の強く、太く、張りのある姿を求めたのではないでしょうか。

青刈り、それとも脱穀後？　素材としての藁

しめかざりにとって重要なのは「藁」を使っているということ。藁は、日本人にとって大切な「お米」を守り育んできた、母のような存在です。ゆえに人々は、お米のみならず藁をも神聖視するようになりました。

しかし稲藁がとれない土地では、スゲ、アシ、マコモ、イグサなどを使うこともあります。特に北の地方ではスゲのしめかざりをよく見ます。

しめかざりに使う藁は大きく分けて二種類あります。お米が実る前に収穫した「青刈り（ミトラズ）」と、お米を脱穀した後に残った藁です［→⑦］。青刈りは夏に刈り取った稲で、青々とした色が特徴です。

❼―向かって左はうるち米の藁（脱穀前）、右は青刈り。青刈り用の稲は、背丈が長くなるよう品種改良されている。餅米や古代米（赤米、黒米）の藁も背丈が長くなるため、しめかざりに用いることが多い。

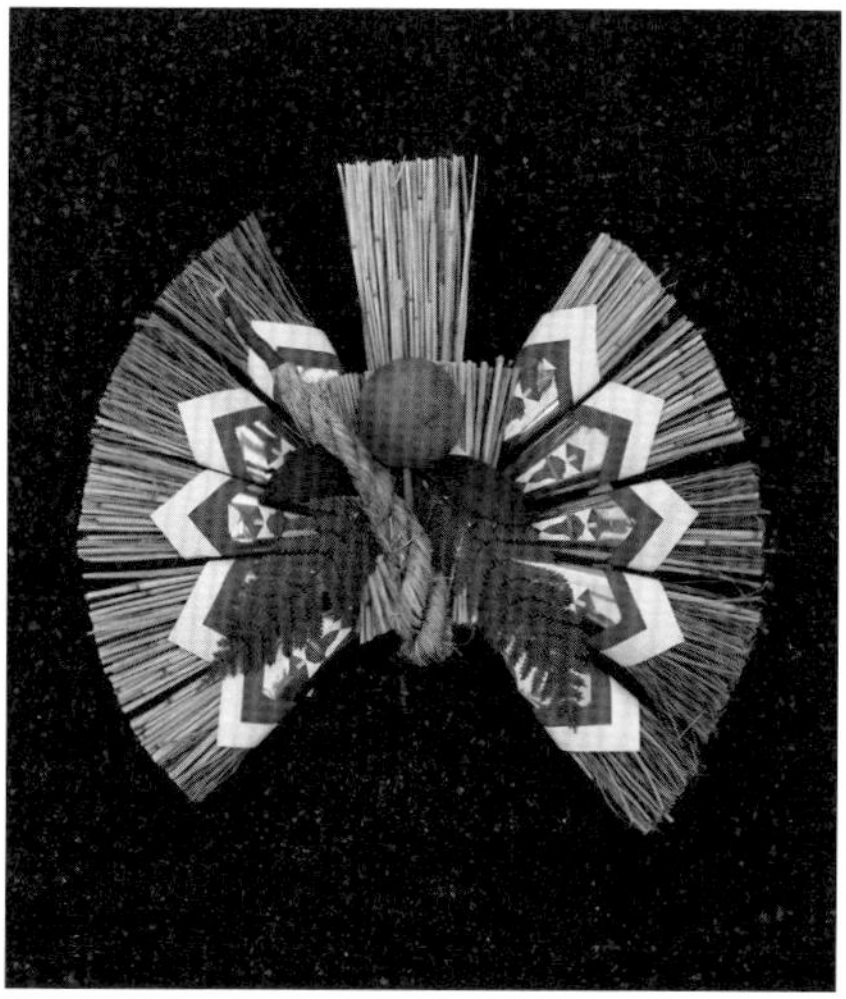

❽ ─福岡県福岡市　脱穀後の藁で作った鶴のしめかざり

青刈りの収穫は八月ごろです。コンバイン（刈取り機）を使うと藁が粉砕されてしまうので、手刈りをしなくてはなりません。日中は暑すぎるので早朝に作業するのですが、それでも過酷だと職人さんはいいます。「ミトラズを刈る時は娘や孫も手伝ってくれてみんなでやるんです。朝早く起きて、朝ごはんをサーッと食べて、飲み水持って、早朝四時には家を出ます。そして午前八時に帰るころには、ミトラズの夜露と自分たちの汗でビショビショになります。どんなに良い天気の日でもね、もうビショぬれです」

刈り取った青刈りはすぐに乾燥させます。青刈りはその青い色が退色しないよう、できるだけ日光を避けねばなりません。職人さんたちはさまざまな工夫をして藁専用の冷暗所を作っています。窓のない、暗室のような乾燥小屋を建てる人もいますし、大きな倉庫のような場所で何十台もの扇風機を回す人もいました。時間をかけて乾燥させ、十月ごろからしめかざりの下ごしらえを始めます。

一方、脱穀後の藁は青刈りに比べると黄味がかっていますが、お米を収穫することに意味があるとして、こちらの藁を好む人も多くいます。何人かの職人さんは、「脱穀後の藁であっても、なるべく藁の青い部分を選別してしめかざりを作っています」と言っていました。

また、青刈りは柔らかく、脱穀後の藁は硬いという特徴があります。柔らかい藁は綯いやすくて良いのですが、硬いからこそ生まれる造形もあります。九州でよく見られる鶴のしめかざりは、藁が固いからこそ翼がピンと張り、堂々とした雰囲気が出せます［→⑧］。

藁は劣化が早く、扱いが難しい素材です。しかし職人さんの工夫、気遣い、技術、汗のおかげで、美しいしめかざりに生まれ変わります。

「ウラ」と「サゲ」の細部

「とりあえず、しめかざりのどこを見たら面白い？」という、ザックリとした質問を受けることがあります。もし手軽に「しめかざり鑑賞」を楽しみたいのであれば、「細部」に注目するとよいでしょう。違いがわかりやすく、すぐにでも会得できる鑑賞眼です。

ここではしめかざりの「ウラ」と「サゲ」の細部処理について説明します。

三通りの「ウラ」処理――「ウラ」とは、縄の綯い終わりの部分です（前項「構造」参照）。この部分の処理には、「そのまま垂らす」「裁断する」「ねじる」という三通りがあります［図6］。

全国的に見ると、「そのまま垂らす」という方法が主流です。その理由の一つは、記紀神話の「天の岩戸」の物語にあります。物語に登場する「シリクメナワ」は、しめ縄の起源とされるもので、「尻久米縄（古事記）」「端出之縄（日本書紀）」と表記します。その言葉の意味は、「端を切りそろえず、そのままにした縄」。つまり、藁の穂先が、バサバサとしたままの形状ということです。天照大神が再び岩戸に戻ってしまわないよう急いで綯った縄なので、穂先が「そのまま」になってしまった、という説もあります。

一方、職人さんたちは「神様のものを切ってはいけない」「自然なかたちが一番良い」「大切な藁を切るなんてもったいない」とも言います。職人さん一人ひとりの哲学が、藁の先端にまで行き届いています。

しかし、意図的に「裁断」することもあります。富山県や石川県で見られる「勝尾（鰹）」のしめかざりは、ウラを裁断することで鰹や鰹節の形状を象っています［→②］。両端（モトとウラ）を広げることで、勢いのある表情が生まれました。

また、関西では穂先を「ねじる」ものをよく見かけます。この方法は「ねじきり」

とも呼ばれ、京都の海老のしめかざりなどにみられます［→p.060］。端正な姿が京都らしいと言えるかもしれません。しかし、多くの「ねじきり」はそのままでは藁がほどけてしまうため、針金を巻きつけたり、接着剤で固めたりしています。ある職人さんは「私が綯った縄はキッチリしてるから手を離してもほどけない」と言い、実際にほどけなかった（！）のですが、それもなかなか難しい技術なのでしょう。

三種類の「サゲ」方法——「サゲ」とは、縄から垂れている藁の部分です。サゲと縄を結合させる方法には、大きく分けて三種類あります。「挟み込む」「巻きつける」「綯

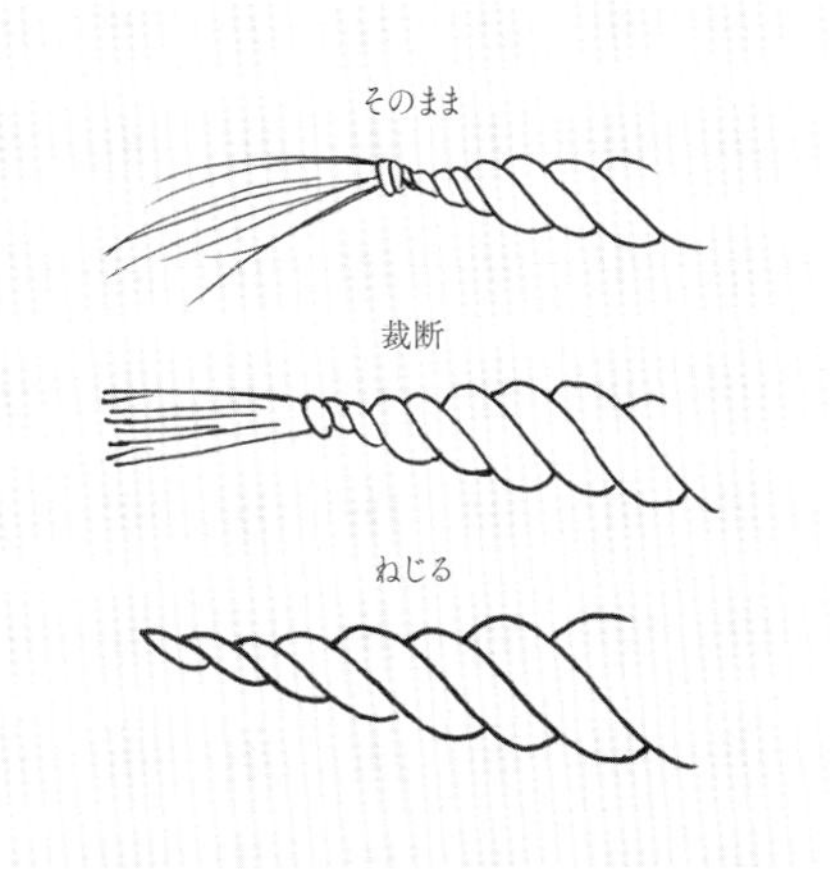

図6—上｜ウラの形状3種
❷ —下｜石川県金沢市　「勝尾（鰹）」のしめかざり

い込む」です〔図7〕。

「挟み込む」は、縄とは別に作っておいた藁束を、縄目の間に差し込む方法です。この方法は各地でよくみられます。「巻きつける」は、完成した縄の上に藁束を巻きつける方法です。馬のしめかざり〔→p.075〕や、関西のしめかざり〔→③〕によくみられます。「綯い込む」は、縄を綯いながら藁を差し込んでいく方法で、縄とサゲが一体化するため、完成後に分解することはできません。

また、サゲに関しては、その藁しべ（もしくは藁束）の「本数」にも注目してください。多くの場合、吉数である「七、五、三」のいずれかの数になっています。例えば、

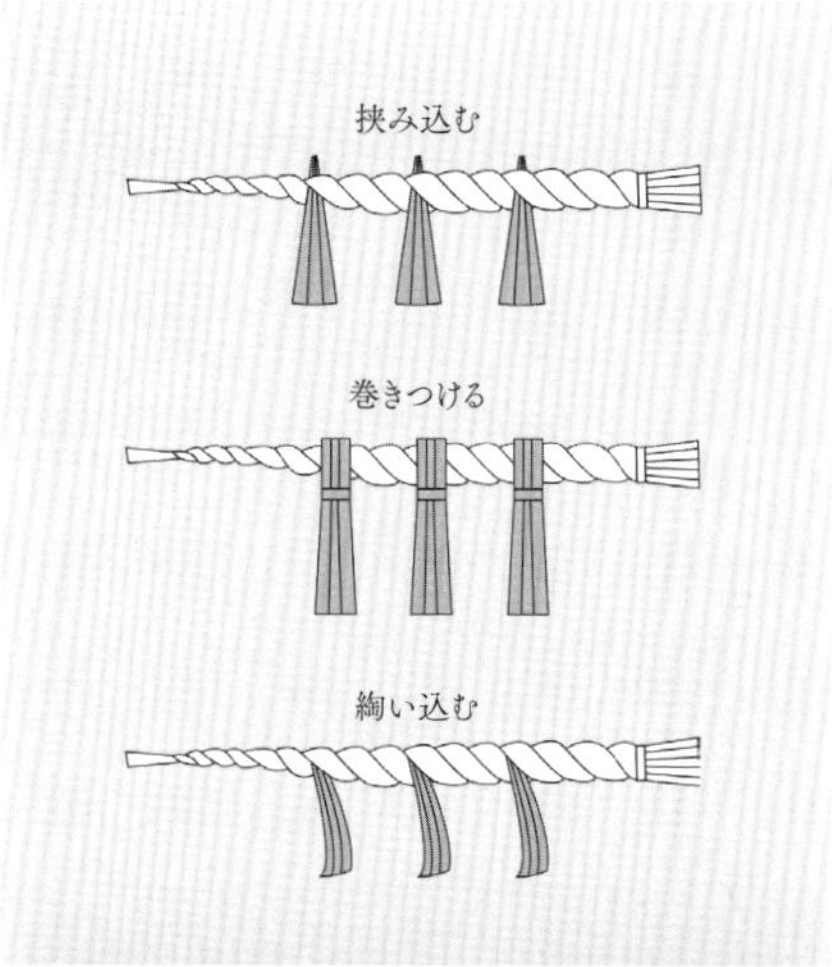

図7―上｜サゲの形状3種
❸ ―下｜兵庫県三田市　大根じめに巻きつけた「サゲ」

ほとんどの「玉飾り」はサゲが三束ですが「→④」、大きなものになると五束の場合もあります「→⑤、→p.109」。「前垂れ」などはたくさんのサゲが垂れているので油断しがちですが、よく見ると「七、五、三」になっている場合もあります「→p.141・図1」。

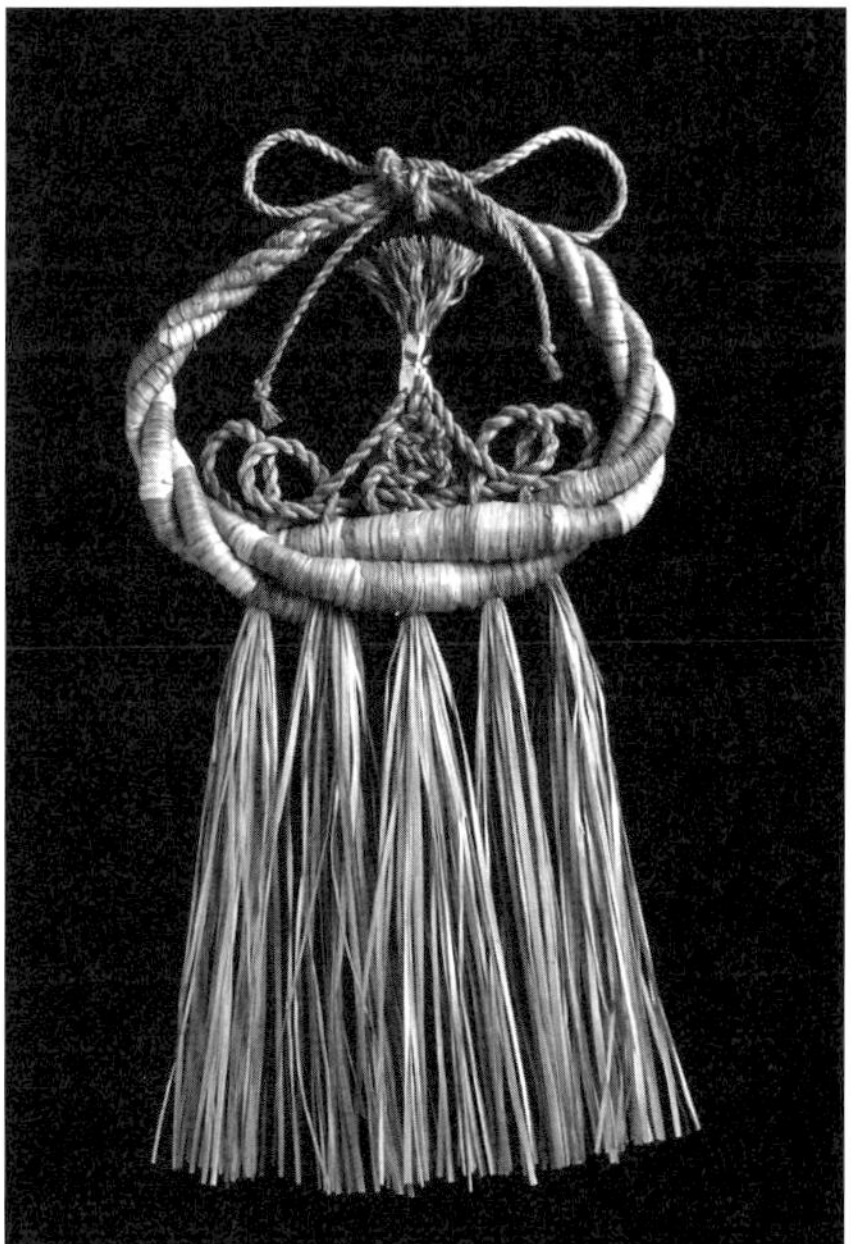

❹ー東京都中央区　玉飾りの「サゲ」は多くが三束。
❺ー秋田県大館市　大きなものは「サゲ」が五束のこともある。

装飾

扇・橙・海老・譲葉……装飾それぞれにも意味が宿る

ほとんどのしめかざりには「装飾品」が付いています。本書ではそれらを取り外した写真が多いのですが、もちろんそれぞれに大切な意味があります。

紙垂《しで》——お守り代わりにも

「紙垂」は、現在では「紙」を切ったものが多いのですが、古くは「木綿垂《ゆうしで》」といい、楮《こうぞ》の繊維を裂いたものを用いていました。

竹などを割ったものに紙垂を挟めば「御幣《ごへい》」、榊《さかき》に付ければ「玉串《たまぐし》」、棒の先に多く束ねたものは「幣束《へいそく》」となり、神事では欠かせません。紙垂が重んじられるのは、それが神の依代または神そのものとされたからです。

「垂れる」ことは、つまり「ゆれる」ということ。人はゆれるものに異界を感じてきました。たとえば、柳の下の幽霊の話や、社寺に植えられたしだれ桜など。それらがゆれたとき、「霊（神）が通り過ぎた」と考えたのです。また、紙垂は雷や稲穂にたとえられることもあります［→p.164］。造形的にみても、雷の光や、稲の穂波に似ているでしょう。その切り方にはいくつかの流派があるので解釈もさまざまですが、紙垂が重要な役目を担っていることにはかかわりありません。

知人から面白い話を聞きました。その人は宮城県出身で、神棚のしめ縄に付けられた紙垂を、なにかあるたびに少しずつちぎり、一年かけて使い切るそうです。受験生がいれば、ちぎってお守り代わりに持たせたり、妊婦さんがいれば、ちぎって分けてあげたり。これが地域の風習なのか、その家だけの風習なのかはわかりません。どちらにしても、なんとも微笑ましく、そして紙垂が「神そのもの」

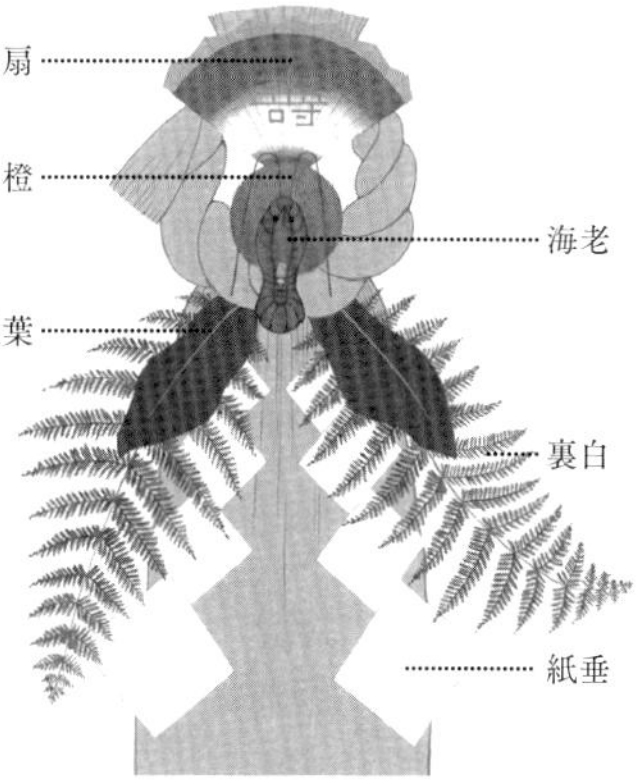

であることを証明するような話です。ちなみに、この紙垂のことを家の人は「ぴろぴろ紙」と呼ぶそうです。とことん、微笑ましいお話です…。

裏白《うらじろ》——潔白、円満であれと

「裏白」は暖地性のシダ植物で、多くは新潟以西で生育。しかし、北のしめかざりにもプラスチックや紙製で飾られるほど、しめかざりには欠かせない装飾品です。裏白が用いられるいちばんの理由は、葉の裏側が「白い」こと。そこから「心の裏に偽りがない、心が潔白である」ことを意味します。そのため、一般的には葉の裏側（色の白いほう）を前面に向けて、しめかざりに取り付けるのですが、四国や九州の一部では、葉の表側（緑色のほう）を前面に向けることもあります。高知県のしめかざり露店の店主は、「神様に『裏』を向けては失礼だから」と言っていました。

近畿の一部では裏白を「穂長《ほなが》」と呼び、稲穂にたとえます。また、裏白は二枚の葉が対になって生えるので、「夫婦円満」の象徴とされたり、「齢垂《しだ》る」という言葉にかけて長寿の願いをあらわすこともあります。

譲葉《ゆずりは》——次代に継げるよう

譲葉も裏白と同様、暖地に生育する常緑樹です。新しい葉が成長してから古い葉が落ちるので、代々途切れることなく繁栄するように、という願いが込められています。

海老《えび》——長寿のかたち

「海老」は、ひげが長く腰の曲がった姿から長寿の象徴とされます［詳細はp.058］。しめかざりに付けられた海老は、関東では「ドロエビ」と呼ばれる陶製のものが主流でしたが、今ではプラスチック製も増えました。関西では水引で作った海老もみられます。

橙《だいだい》——〝代々〟に通じる

橙は、その実が木から落ちず、翌年には再び青くなることから「回青橙」とも表記され、縁起の良い食べ物です。そのダイダイという音は「代々」と通じるため、家の繁栄を願っています。

扇《おうぎ》——末広がりを

扇はそのかたちから「末広《すえひろ》」とも呼ばれ、しめかざりでは「末広がり」を象徴する縁起物です。

これまでとこれからの道

人、土地、時間を結びしめかざりはこれからも引き継がれる

古からの日本を結ぶ現《うつつ》の装い

しめかざりの起源である「しめ縄」の歴史は古く、前述したように『日本書紀』や『古事記』に「シリクメナワ」として登場します。天照大神が岩戸に籠ることがないよう、岩のまわりにぐるりと張られた縄のことです。しかし、しめ縄が「正月」に用いられるようになったのはいつごろでしょうか。

『土佐日記』の元旦の項に「小家の門のしりくべなは（＝しめ縄）」という記述がありますので、少なくとも平安時代には正月の門口にしめ縄を張る風習があったようです。その形状はわかりませんが、同時代の『枕草子』には、しめ縄に譲葉を付けていたことが記されています。

室町末期の成立といわれる『洛中洛外図・上杉本』では、家の周囲にしめ縄を張りめぐらせた正月風景が描かれています。細いしめ縄に紙垂（もしくは藁しべか？）、

譲葉、裏白が下がっています。

江戸時代になり、やっと文献に「しめかざり」があらわれます。しかし当時はまだ「しめかざり」とは呼びません。江戸時代の俳諧の書である『山之井《やまのい》』や『毛吹草《けふきぐさ》』では、「飾縄」、もしくは「飾藁」と書かれています。

そして、多くの書物に、現在みるような「牛蒡じめ」や「輪飾り」などが出てくるようになります。『諸国図会年中行事大成』では、大きな門松に横木を渡し、その中央に海老や裏白などの装飾品をたくさん付けた前垂れが描かれています。また、『和漢三才図会』には、「七・五・三」に藁しべを垂らしたしめ縄の図もあります。

江戸時代に普及したしめかざりですが、その後職人さんが増加した大きな要因は、現代に起こった二つの出来事だと思われます。

一つが第二次世界大戦。戦後の副収入として、一九五〇年頃から作り始めたという職人さんが多くいます。しめかざり専用の藁である「青刈り」が生まれたのも、六〇年代頃といわれます。

もう一つは、一九七〇年頃から本格的に始まった「減反政策」。コメ余りの深刻化から国が生産量を管理するようになり、結果的に多くの農家が作付面積を減らしました。そこで、コメを収穫しない「青刈り」を栽培し、しめかざりを製作する農家が増えたのです。

その後、しめかざりの作り手は多様化し、現在では農家はもちろん、企業やシルバーセンター、海外製など、さまざまな環境で製作されています。また、売り手

(販売者)はさらに多岐にわたり、露店、小売店(花屋、八百屋、民芸店、雑貨店、コンビニ)、デパート、スーパー、農協、インターネット商店……。

各家庭で自作しなくなったことは寂しくもありますが、作り手や売り手の多様化が悪いわけではありません。時代の必然であり、私たちが求めてきた結果といえます。

「しめかざり」が社会に対してできること

長年の調査から感じるのは、しめかざりが決して「消えつつある文化」ではないということ。それどころか、年々「熱い文化」になっているという実感があります。じつは、しめかざりの未来について熱心に考えている人が、全国には一定数います。職人さんはもちろん、各地の技術保存会、各地の藁サークル、シルバーセンター、企業、小売店など。ただ、どれもが「点」で活動しているため、なかなか横につながらず、文化としての魅力を発信できずにいます。

もし、もっと多くの人がしめかざりの魅力に気づき、「点」が「面」になれば、さまざまな社会問題を解決する一助にもなるでしょう。

たとえば……

●自分の住む地域を見つめなおす(小学生の地域学習など)
●地方ごとの文化の違いを知る(比較文化、地方創生)
●高齢者と子供をつなげる(高齢化問題)

●職人と若者をつなげる（技術継承、保存）
●「綯う」という時間を目的化する（精神安定、マインドフルネス）
●自分のしめかざりをつくってみる（表現力、創造力）
●正月の意味を再認識し、一年の生活リズムを整える（年中行事の復権）
など。

しめかざりには、多様性、風土性、社会性があります。ゆえに、全国の「人・土地・時間（歴史）」を楽しくつなげることのできる、ポテンシャルの高い文化です。今後、各地で「しめかざり」が再発見され、活用されることを祈っています。

それぞれの願いを込めて作ろう

最後に一つだけこんなお話を。

私が受ける質問でもっとも多いのは、「しめかざりの『正式』なかたちを教えてください」というもの。本書を読んでくださったみなさんなら、もうお分かりですね。こんなにも多種多様なしめかざりに、正式も偽物もありません。

ある年、小学生の男の子が「チーズハンバーグしめかざり」というものを自作しました。藁縄で輪を作り、その上に短冊状に切った金色の紙を飾っています。「来年はチーズハンバーグがもっとおいしくなりますように」という気持ちを込めて作ったかたちで、ヒラヒラした短冊状の紙は「チーズが溶けてるところ」を表現したとのこと。このしめかざりを「正式か否か」で判断するのはナンセンス。

きっとみなさんにも、自分だけのしめかざりがあるはずです。私の持論は「人の数だけしめかざりがある」。新年に込める思いが、人それぞれ違うからです。

お正月が過ぎたら、しめかざりを「どんど焼き」（正月用品を焚く行事）で焼いてもらいましょう。行事のない地域でも、神社の納所に持参すれば大丈夫。その煙に乗って、ゆらゆらとトシガミ様が帰っていきます。

馬橋稲荷神社（東京都）のとんど焼き

【解説】「しめ縄」から「しめかざり」への造形的展開［→p.013］

「しめ縄」から「しめかざり」へ

しめかざりの起源とされる「しめ縄」は、形態としては何の変哲もない「一本の縄」です。この縄が、どのような造形的プロセスを経て、現在の多種多様なしめかざりに変化したのでしょう。ここからはp.013の「しめ縄からしめかざりへの造形的展開」の図を参照しながら読み進めて下さい。

たとえば、「しめ縄」が「玉飾り」のかたちに変化するためには、「太くする→サゲをつける→丸める」という三ステップが必要。いっけん複雑そうな「馬」のしめかざりは、意外にも「太くする→サゲをつける」の二ステップのみ。「鶴」と「椀じめ」は形態的に関連がないように見えますが、じつはどちらも「前垂れ」をアレンジしたもの。「輪飾り」と「杓子」は似たかたちですが、サゲを垂らしたしめ縄を「上」に丸めるか、「下」に丸めるかという根本的な違いがあります。

このように図解してみると、しめかざりの縦のつながり（発展）や、横のつながり（展開）が見えてきます。しめかざりにはさまざまなかたちがありますが、どれも単独で生まれたのではなく、「一本の縄」が縦横につながり、影響し合いながらバリエーションを増やしてきたことがわかります。

また、各ステップで行われている加工（「丸める」「太くする」「開く」「まとめる」など）は、藁という素材に対して無理がなく、展開としても素直です。この素直さが、しめかざりの潔い姿につながるのかもしれません。

……そんなことを思っていた矢先、なんと「三角形」のしめかざりを入手してしまいました［→①］。これは倉敷で売ら

❶―岡山県倉敷市　三角形のしめかざり

れていたものです。藁で作った三角形の「角《かど》」の部分がなんだか痛々しく、素材に無理をさせているように感じます。少なくとも「素直なしめかざり」には見えません。
そこで販売者のかたに尋ねてみました。するとこれは、機械で作ったしめかざりとのこと。私は膝を打ち、少し安堵しました。
しかし、一概に機械が悪いとも言えません。その「三角形」には、作り手の減少やコストの問題など、しめかざりの現状が反映されているのです。

【解説】玄関用しめかざり形態分布地図［→p.014］

「玄関飾り」として用いる形態に焦点を当て、全国の分布地図を作成しました。ここでは、p.014の地図にそって解説していきます。

北海道

北海道は未調査の土地も多いので一概には言えないのですが、しめかざりの素材として、稲藁ではなくスゲを用いたものを多く見ます。それは、開拓時代に十分な稲藁を確保できず、スゲや古俵を解いたものを使用していた名残りともいわれます。

札幌のしめかざりは「玉飾り」系で、装飾として「おかめ」の面を付けているのが特徴。土地柄、装飾に「生もの（橙、裏白など）」を付けることは少なく、紙やプラスチックでできた縁起物を多めに飾ります［→p.110］。

東北地方

東北地方には、山形県の「俵」［→p.051］、秋田県の「宝船」［→p.048］、宮城県の「ホシノタマ」［→p.018-19］などがあります。大きく分けると、日本海側は「両じめ」系、太平洋側は「玉飾り」系を多く見ます。

青森県、秋田県、宮城県などでは、藁の綯い方にも特徴があり、一般的なものと比較すると、縄目に対して垂直に藁が巻かれていることがわかります［→①］。

「この方法だと使用する藁が少なくて済むから、北の土地で多いのかもしれない」と職人さんは言います。

❶—上｜秋田県秋田市　藁の巻き方が一般的なものと違う。
❶—下｜福井県今立郡　一般的な綯い方

関東

関東では圧倒的に「玉飾り」系が主流です〔→p.109〕。

昔、東京東郊の農村ではしめかざりの製作がさかんで、村ごとに専門とするしめかざりがありました。たとえば、「玉飾りの『本場もの』は下小松」、「牛蒡じめの『本場もの』は鎌倉新田」などと言われ、一目置かれていたのです。逆に、他の村で作ったものは「場違い」と呼ばれ、低い評価を受けました。

また、昭和四〇年~五〇年頃、しめかざりの仲買人は「作り手」を増やす目的で、東京の職人を近隣県へ派遣し、指導させました(『農閑の副業上』)。

このような歴史があるため、関東やその近隣県では似たような玉飾りが多いのかもしれません。

中部地方

中部地方では、岐阜県の「蛇」〔→p.064〕、石川県の「亀」〔→p.041〕、長野県の「大黒じめ」〔→p.027〕などがあります。

このあたりから「牛蒡じめ」「大根じめ」の系統が増えはじめ、長野の近隣県では「牛蒡じめ」を縦型に飾るようになります。「玉飾り」系もみられますが、関東のように一重の「輪」ではなく、幾重にも連なることが多くなります。

近畿地方

近畿地方では、京都府の「玉飾り」〔→p.029〕、「ちょろけん」〔→p.055-57〕、滋賀県の「蛇」〔→p.063〕、三重県の「馬」〔→p.075〕や「蘇民将来」〔→p.099〕などがあります。いっけん、「玉飾り」系が多いように感じますが、近畿地方の主流は「牛蒡じめ」「大根じめ」系です。「牛蒡じめ」や「大根じめ」に藁束のサゲを垂らしたかたちが定番で、それを「エビ」と呼ぶこともあります〔→p.060〕。

中国地方

中国地方では、再び「玉飾り」系が増えます。広島の「宝珠」[→p.017]や、島根県の「鶴亀」[→p.045]など。山口県は多種多様なので「玉飾り」系も「牛蒡じめ」系もあります。

興味深いのは、岡山県から鳥取県を結ぶルートに見られる「眼鏡」型です。岡山市から内陸の新見市を経由して鳥取市へ移動すると、それにともなって眼鏡のかたちも「太くて丸い」[→p.091]→中太[→p.092]→細長い[→p.059]と変化し、近隣県で影響し合っていることがわかります。

眼鏡型は全国で見られますが、その多くは小さく細めで、水回りや勝手口に用います。しかし岡山県と鳥取県の「眼鏡」は大きく、玄関に飾ります(鳥取のしめかざりは、形状は眼鏡型ですが、名称は「海老」となります)。

四国地方

四国は全般的に「牛蒡じめ」「大根じめ」系です。香川県の「宝船」、徳島県[→②]や高知県[→③]の海老型など。しかし愛媛県では「輪」のかたちも多く、中予地区では杓子型[→p.071]、南予地区では「サゲ」が二束のものを多くみかけます[→④]。また、香川県には「眼鏡」型もあり、文化的には前述の「岡山~鳥取ライン」に繋げてもよいかもしれま

❷—上｜徳島県徳島市
❸—中｜高知県高知市
❹—下｜愛媛県西予市

❺—上｜宮崎県西臼杵郡
❻—下｜鹿児島県鹿児島市

せん。

また、瀬戸内には島が多く、私の調査も行き届いていません。その島独自のしめかざりが隠れている可能性は大いにあります。

九州地方

九州地方では鶴を象ったしめ飾りを多く見ます［→p.033-39］。円形の鶴、前垂れ状の鶴、「大根じめ」をアレンジした鶴など、そのバリエーションは豊富です。なぜ九州に「鶴」のしめかざりが多いのかは分かっていません。

熊本県、宮崎県、沖縄県には「両じめ」系も多く見られます。宮崎県では高千穂の夜神楽が有名であるため、装飾として神楽の面を付けることがあります［→⑤］。沖縄県では炭と昆布を付け、「たん（炭）と喜ぶ（コンブ）」の語呂合わせ［→p.115］。鹿児島では、二つの前垂れを結び、一つの大きな前垂れとします［→⑥］。

また、熊本県の天草地方では、一年中しめかざりを飾る風習があります。昔、キリシタンが自らの信仰を隠すために、しめかざりをつけたと言われています。

全国のしめかざりを概観しました。かなり大雑把に分類すると、北・東日本は「玉飾り」系、西・南日本は「牛蒡じめ」系と言えます。しかし、東北の日本海側に「牛蒡じめ」系が進出しているのは、北前船《きたまえぶね》の影響が考えられるでしょう。

しめかざりの形態分布を読み解くためには、歴史的な人の流れ（移住）とモノの流れ（流通）からの視点が重要となりますが、それは今後の課題とします。

あとがき

念願の本が完成しました。これまで一人寂しくしめかざり調査をしてきましたが、今回の出版で「しめ友《とも》」ができるのではないかと淡い期待をしています。

さいごに各章の補足を少し。

一章では、「装飾をはずしたしめかざり」の写真を多く掲載しました。長年撮りためたこれらの写真を、とにかく誰かに見てほしい、それが最初の出版動機でした。

しめかざりは一年も経つとその色艶、張り、勢いがなくなります。ならば「写真」で、生まれたときの美しさを残せないだろうか。今回掲載できなかった写真がまだまだありますので、またの機会にお見せすることができればと思います。

二章では、実際の調査、収集の過程をお見せしました。私が文章にすると「のほほん」とした空気が漂うと言われるのですが、おそらく、実際の探訪中の私は殺気立っています。たくさんの収集物を背負い、時間に追われ、常に空腹で疲労困憊。精神的には「無」の状態と言った方が正しいかもしれません。そこまでしてなぜ持ち帰るのか？　その答えとして、モースの言葉を引用します。

「この国のありとあらゆる物は、日ならずして消えうせてしまうだろう。私はその日のために日本の民具を収集しておきたい。」（『モースの見た日本』）

E・S・モースは明治期に来日したお雇い外国人で、膨大な数の日本の民具を収集、撮影しました。それらは『モースの見た日本』という本に掲載されています。じつは、私がしめかざりに興味を持ったきっかけもこの本でした。大学時代、「日本的なるものとは」を研究テーマに掲げていた私は、卒業制作で何をつくるべきか迷っていました。そんなとき、なにげなく開いたこの本で「玉飾り」の写真を見つけたのです。そのときの感想は「美しい」でも「面白い」でもなく、「え！　百年前のしめかざりなのに、今と同じかたちなの?!」。思いのほか、かたちの変化がなかったことに驚き、その「なぜ」に挑もうと考えました。結果、卒業制作では現代のしめかざりを考現学的に読み解くことを試み、無事卒業。しかし卒業後、誰に乞われるでもなく始めたしめかざり調査は苦難の連続…。愚痴のオンパレードになるので、ここではやめておきましょう。要するに、モースと私は規模こそ違えども、気概だけは同じだと言いたいわけです。

私の収集物も約三百点となりました。これまでに虫がわいたり、ネズミに食べられたりして泣く泣く手放したものを入れたら四百点にはなるでしょう。私の両親は長年、このわけのわからない収集物に埋もれながら生活してくれました。我ながら情けないと思ったり、自分の活動が虚しく感じられたり、ヤケになって「全てどんど焼きで燃やしてしまいたいんですけど…」と恩師に相談して困らせたりもしました。

そんな収集物でしたが、今年、母校の武蔵野美術大学に約二七〇点を収蔵していただくことになりました。これも長年の悲願でした。同校の民俗資料は、「旅する巨人」として知られる民俗学者の宮本常一名誉教授の指導のもとに収集された資料がベースとなっており、現在では収蔵品も九万点を超えるという由緒正しき人規模資料群です。その隅に加えていただけることは光栄の一言に尽きます。私の手を離れることは寂しくもありますが、多くのかたの研究に役立てていただければ幸いです。

さて、三章に関しては「入門編」と割り切り、基本事項の解説にとどめました。機会があればもう少し話を広げてみたいと思います。しかし、一つだけ追記しておきます。よく「しめかざりは神道なんですか」と聞かれますが、しめかざりは宗教ではなく習俗です。庶民が「カミ（＝自然）」と向き合うために生み出した道具（媒体）ともいえるでしょう。年と年を結ぶ「しめかざり」。みなさんは、どんなかたちに結びますか？

最後になりますが、私の遅筆によるしわ寄せを、大きな心で受け止めてくださった工作舎の田辺澄江さん、しめかざりの魅力を引き出すデザインに仕上げてくださったデザイナーの宮城安総さん、小倉佐知子さん、英訳をしてくださったヤーン・フォルネルさん、そして今回のご縁を結んでくださった杉浦康平先生、加賀谷祥子さん、杉浦幸子先生、本当にありがとうございました。

なにより、私の取材に応じてくださった方々、そして全国のしめかざりに関わるみなさんの熱い気持ちがなければこの本は生まれませんでした。心より感謝いたします。

長年、不肖の娘の理解不能な行動に耐え、忍び、支えてくれた両親には、感謝のかわりに長寿を願う亀のしめかざりを贈ります。

二〇一七年　重陽　　　　　　森　須磨子

【参考文献】

●岩崎治子『日本の意匠事典』岩崎美術社 1984
●秋山正美『仏像の持ちもの小事典』燃焼社 1992
●芦田正次郎『動物信仰事典』北辰堂 1999
●福田アジオ、神田より子ほか編『精選 日本民俗辞典』吉川弘文館 2006
●民俗学研究所 編、柳田國男 監修『民俗学辞典』東京堂出版 1951
●祝宮静ほか編、文化庁文化財保護部 監修『日本民俗文化財事典』第一法規出版 1979
●柳田國男 編『歳時習俗語彙』国書刊行会 1975
●『農閑の副業 上』東京都葛飾区教育委員会教育課 1991
●『農閑の副業 下』東京都葛飾区郷土と天文の博物館 1992
●宮本常一 著、田村善次郎 編『宮本常一日本の年中行事』八坂書房 2012
●泉武夫『信貴山縁起絵巻』小学館 2004
●江馬務『江馬務著作集 第8巻 四季の行事』中央公論社 1977
●吉野裕子『蛇 日本の蛇信仰』法政大学出版局 1979
●文化財保護委員会『正月の行事2 島根県・岡山県』平凡社 1971
●文化庁文化財保護部 編『正月の行事4 岩手県・秋田県・埼玉県・新潟県』平凡社 1971
●鶴藤鹿忠『岡山の正月儀礼』日本文教出版 2003
●戸川安章『日本の民俗 6』第一法規出版 1973
●『安中市秋間の民俗』群馬県教育委員会 1980
●渋川市市誌編さん委員会 編『渋川市誌 第四巻』渋川市 1984
●小堀邦夫『伊勢神宮のこころ、式年遷宮の意味』淡交社 2011
●室賀志通夫『注連飾りの作り方』塩田ワラ細工研究会 1985
●熊谷博人『江戸文様図譜』クレオ 2007
●佐藤達玄・金子和弘『七福神』木耳社 1989
●『京都府の民具 第V集』京都府立総合資料館 1982
●『郷土玩具で知る日本人の暮らしと心4 お祝い事の郷土玩具』くもん出版 2005
●小野武雄 編著、長瀬宝 絵『職人・街芸人・物貫図絵』展望社 1978
●小西四郎、田辺悟 構成『モースの見た日本』小学館 1988

●著者略歴

森 須磨子［もり・すまこ］

一九七〇年、香川県生まれ。幼少期を愛媛で過ごした後に東京へ。武蔵野美術大学へ進み、その卒業制作により「しめかざり」への興味をいだくようになる。同大学院造形研究科修了、同大学助手を務めながら、しめかざりの研究にも本格的に取り組み始め、二〇〇三年に独立。グラフィックデザインの仕事を続けながら日本各地へのしめかざり探訪を続ける。著書に絵本『しめかざり』（福音館書店・二〇一〇）がある。

主な活動概要

二〇〇三年▼展覧会「注連縄 豊穣を招く渦」（杉浦康平監修・松屋銀座デザインギャラリー）企画協力・講演

二〇一二年▼（株）紀文食品主催「紀文お正月フォーラム2012」にて講演

二〇一四年▼展覧会「米展」（21_21 DESIGN SIGHT）展示協力

二〇一五年▼（株）良品計画にてしめかざりアドバイザー業務、社内・社外向け講演

▼展覧会「寿ぎ百様～森須磨子しめ飾りコレクション～」企画協力（公益財団法人 四国民家博物館）

二〇一七年▼これまでに収集したしめかざりのうち、二六九点を武蔵野美術大学に寄贈

▼展覧会「しめかざり～祈りと形」企画協力・講演（武蔵野美術大学 民俗資料室ギャラリー）

▼展覧会「新年を寿ぐしめかざり」企画協力・講演（かまわぬ浅草店）

二〇一八年▼朝日新聞「天声人語」（一月三日）にて、森の活動が紹介される

▼ＮＨＫ ＢＳプレミアム「美の壺 新年を彩る正月飾り」出演

二〇二〇年▼配信サイト［note］にて「しめかざり探訪記」連載開始

▼展覧会「渦巻く智恵　未来の民具 しめかざり」企画制作（公益財団法人 せたがや文化財団 生活工房）

二〇二一年▼ＮＨＫ「ラジオ深夜便」（一月一日）出演

▼展覧会「ふくしま藁の文化」に参加（福島県立博物館）

そのほか、講演・展示・執筆・メディア出演など多数

しめかざり――新年の願いを結ぶかたち

発行日――二〇一七年一一月一〇日初刷　二〇二一年一二月一〇日第五刷
著者――森須磨子
編集――田辺澄江
エディトリアル・デザイン――宮城安総＋小倉佐知子
写真――森須磨子
英文翻訳――ヤーン・フォルネル
印刷・製本――シナノ印刷株式会社
発行者――岡田澄江
発行――工作舎　editorial corporation for human becoming
〒169-0072　東京都新宿区大久保2-4-12　新宿ラムダックスビル12F
phone : 03-5155-8940　fax : 03-5155-8941
www.kousakusha.co.jp　saturn@kousakusha.co.jp
ISBN978-4-87502-488-0

にほんのかたちをよむ事典

◆形の文化会＝編

天狗、数珠、刺青、身振り…。日本文化のさまざまな「かたち」を読んで見て楽しむ事典。金子務、小町谷朝生、水木しげる等総勢66名の執筆陣が、項目２００余を読み解く。図版満載！

●Ａ５判上製●５３２頁●定価　本体３８００円＋税

江戸博物文庫シリーズ

◆工作舎＝編

『本草図譜』を始めとする江戸の博物図譜から美しい植物や鳥、魚を、ほぼ1点1ページ、オールカラーで紹介。既刊は鳥の巻、花草の巻、菜樹の巻、魚の巻。名称は学名、和名、英名を表記。

各巻●Ｂ６判変型上製●１９２頁●定価　本体１６００円＋税

古木の物語

◆牧野和春

一千年の勇姿を見せる雪国の大杉、刻印二百年の立木仏…。相次ぐ天災にも耐え、共に生きる巨樹は人々の心の支え。日本人と木との暮らし、カミ観念や信仰心を綴る15の物語。

●四六判上製●２４８頁●定価　本体２２００円＋税

文字の靈力

◆杉浦康平

日本語タイポグラフィの先駆者・杉浦康平による、「文字」にまつわる論考を収録。松岡正剛との対話では、白川静の漢字学からクレオールまで、文字の可能性が語られる。

●Ａ５判変型●３００頁●定価　本体２８００円＋税

にんげんいっぱい　うたいっぱい

◆桃山晴衣　◆杉浦康平＝造本

「梁塵秘抄」を現代に甦らせ、日本の音を追求した音楽家・桃山晴衣。永六輔、五木寛之が瞠目し、ピーター・ブルック、デレク・ベイリー、ピナ・バウシュと交流を重ねた音楽遍歴の記録。

●四六判フランス装●３８８頁●定価　本体４５００円＋税

茶室とインテリア

◆内田　繁

日本人の身体感覚を活かす空間デザインとは？　日本を代表するインテリア・デザイナーが、「縄文」や「数寄」、「見立て」などの伝統的なデザインを通じ、暮らしの将来を描き出す。

●Ａ５判変型上製●１５２頁●定価　本体１８００円＋税